大國治贫

——新中国扶贫的历史印记

China's Achievements in Poverty Reduction

向德平等／著

武汉出版社
Wuhan Publishing House

(鄂)新登字 08 号

图书在版编目(CIP)数据

大国治贫:新中国扶贫的历史印记 / 向德平等著. — 武汉:武汉出版社,2020.12(2022.8 重印)

ISBN 978-7-5582-4211-3

Ⅰ.①大… Ⅱ.①向… Ⅲ.①扶贫 - 历史 - 中国 Ⅳ.① F126

中国版本图书馆 CIP 数据核字(2020)第 260855 号

著　　者:向德平　等
责任编辑:管一凡　朱梦珍
封面设计:马　波
出　　版:武汉出版社
社　　址:武汉市江岸区兴业路 136 号　　邮　　编:430014
电　　话:(027)85606403　　85600625
http://www.whcbs.com　　E-mail: whcbszbs@163.com
印　　刷:武汉市卓源印务有限公司　　经　　销:新华书店
开　　本:787 mm × 1092 mm　　1/16
印　　张:13　　字　　数:165 千字
版　　次:2020 年 12 月第 1 版　　2022 年 8 月第 2 次印刷
定　　价:38.00 元

目　录

绪　论

中华人民共和国的发展历史，就是一部与贫困作斗争的历史。新中国成立以来，党和政府带领全国人民与贫困展开斗争，取得了显著成效，极大地改变了贫困地区的落后面貌，提高了贫困人口的生活水平，走出了一条中国特色减贫道路。中国的扶贫经验为全世界所瞩目。

中国是世界上人口最多的发展中国家，发展基础差、底子薄，不平衡现象突出。“消除贫困、改善民生、实现共同富裕，是社会主义的本质要求。”中国政府始终将减缓贫困作为国家发展的重要目标和任务，坚持以人为本，努力使经济社会发展成果惠及全体人民。新中国成立之初，因为长期的战乱影响，经济一穷二白，社会千疮百孔，贫穷落后，百废待兴，如何让人民群众吃得起饭、穿得起衣是亟待解决的难题。中国探索出通过工业化和合作化推动经济社会发展、缓解整体贫困之路。1978 年，中国共产党召开十一届三中全会，把党和国家的工作重心转移到经济建设上来。改革开放的新决策开启了农村改革的新进程。中国共产党和中国政府不断推进农村扶贫开发工作，开始了波澜壮阔的减贫行动。

20 世纪 80 年代中期以来，中国开始有组织、有计划、大规模地开展农村扶贫开发，先后制定实施了《国家八七扶贫攻坚计划（1994—2000 年）》《中国农村扶贫开发纲要（2001—2010 年）》《中国农村扶贫开发纲要（2011—2020 年）》等减贫规划，全面改善贫困地区的生产生活条件，促进贫困地区的经济发展，帮助农村贫困人口摆脱贫困。党的十八大以来，党中央把扶贫开发摆到治国理政的重要位置，提升到事关全面建成小康社会、实现第一个百年奋斗目标的新高度，纳入"五位一体"总体布局和"四个全面"战略布局进行决策部署。党的十八届五中全会提出了到 2020 年我国现行标准下农村贫困人口实现脱贫、贫困县全部摘帽、解决区域性整体贫困的目标任务。中共中央、国务院印发《中共中央、国务院关于打赢脱贫攻坚战的决定》，对"十三五"脱贫攻坚作出了全面部署。

经过 70 多年的探索实践，中国走出了一条中国特色减贫道路。中国的减贫行动极大地改变了中国农村贫困地区的落后面貌，提高了农村贫困人口的生活水平，减少了农村贫困人口。到 2019 年，我国农村贫困人口减少到 551 万人，贫困发生率下降到 0.6%，贫困地区农村居民收入加快增长，与全国农村平均水平的差距进一步缩小。

中国是最早实现联合国千年发展目标的发展中国家。中国减贫成就为世界减贫事业作出了重大贡献，对国际人权发展作出了重大贡献。根据《2015 年联合国千年发展目标报告》提供的资料，中国农村贫困人口所占比例，从 1990 年的 61%下降到 2014 年的 4.2%。中国对全球减贫的贡献率超过 70%。

梳理新中国成立以来扶贫的历程，精选新中国扶贫历程中的重要政策、重大举措和重要事件，描述新中国扶贫发展的轨迹，总结新中国扶贫的经验。从理论方面来看，对于构建具有中国特色的贫困治理理论、丰富世界减贫知识库具有重要意义；从实践价值来看，能够为精准扶贫、精准脱贫提供智力支持和政策建议，对于打赢脱贫攻坚战、全面建成小康社会具有重要意义。

中国扶贫开发成就获得了国际社会的高度肯定。总结中国扶贫经验，既可为发展中国家实现经济增长和社会进步提供有益借鉴，也可为中国深度参与全球政治经济秩序重构、承担大国责任提供支撑，还可为推动全球贫困治理、为世界减贫事业和联合国《2030 年可持续发展议程》的实现贡献中国经验和中国智慧。

第一章
新中国成立后减贫的探索阶段（1949—1977年）

新中国成立初期，经济百废待兴，人民生活水平十分低下，贫困现象十分普遍。为了推动国家经济社会快速发展，中国共产党建立起了具有强大整合和动员能力的国家治理体系，依托自上而下的民政救济系统，实施平均分配加社会救济的扶贫战略。

中国是一个以农业为主的国家，封建土地私有制是导致中国农村普遍贫穷落后、农民受剥削压迫的主要根源。新中国成立后，在全国范围内开展了土地改革，使绝大多数的农民获得了基本的生产资料所有权，为农民摆脱贫困创设了基本前提。[①] 同时，建立了以行政手段为基础的资源配置体制——计划经济体制。在此基础上，推行“城乡分割，有效兼顾”的制度救济式扶贫模式。该模式一方面考虑到新中国成立初期经济水平低，工业基础薄弱，需要全面推进工业化带动国家发展；另一方面考量到普遍贫困落后，发展需要有所侧重。所以，在城乡二元分割的背景下，中国开启了制度扶贫模式，国家采取了城乡有别的福利分配原则，逐步建立了与计划经济相适应的扶

① 朱小玲、陈俊：《建国以来我国农村扶贫开发的历史回顾与现实启示》，《生产力研究》2012年第5期，第30—32、261页。

贫保障制度。在城市采取以单位制为主要特征的全方位福利供给，在农村则建立了以人民公社为基础、以社会救济为典型特征的集体农村社会保障体系。在城乡有别的基础上，国家还建立起全国统一的基本医疗保险政策，“五保”供养政策、救灾救济、优抚安置的农村社会保障扶贫的政策体系。[①]

截至1977年，全国28个省、市、区(除西藏)，穷县数量为515个，占全国总数的22.5%，其中人均分配收入40元以下的县为182个，占全国总县数的7.9%。穷队数180万个，占全国总队数的39%。[②] 从新中国成立到改革开放以前，农村扶贫工作进展较为缓慢，没有从根本上改变农村和农民的贫困状况。但中国共产党领导全国人民为解放和发展农村生产力做出了不懈努力，农业生产力和绝大多数农村人口的生活水平都有了明显提高，为农村改革、发展和扶贫工作奠定了基础。

一、消除“三座大山”

中华人民共和国成立以前的旧中国是一个落后的农业国。1949年，农村人口占全国人口的89.4%，农业总产值占工农业总产值的70%，在国民收入总构成中农业占68.4%。[③] 在封建土地私有制下，地主占有大量土地，耕种出租土地的农民被迫将收获的50%以上作为租额上缴地主，直接导致广大农民终年劳动却不得温饱。同时，受长年战争的影响，农业生产中的耕畜较抗日战争前减少16%，主要农具减少30%；江河滨湖堤岸常年失修，农田水利灌溉网络和森林草原

① 冉连:《建国以来我国扶贫政策:回顾、反思与展望——基于1949—2017年的政策文本分析》,《山西农业大学学报(社会科学版)》2018年第12期,第60—68页。

② 张磊:《中国扶贫开发政策演变:1949～2005年》,中国财政经济出版社2007年版,第34页。

③ 国家统计局:《中国统计年鉴·1983》,中国统计出版社1983年版,第13页。

植被被破坏，自然灾害加重，农业生态恶化，耕地荒芜，农业经济严重萎缩。新中国成立之初，中国政府和人民面对的是一个经济崩溃、民不聊生、千疮百孔的烂摊子，人民刚从战乱中走出，生产生活缺乏基本保障，国家财政异常困难。如何发展经济，解决中国人民普遍贫困的难题，摆在了中国面前。

毛泽东早在1925年12月1日发表的《中国社会各阶级的分析》中指出，"一切勾结帝国主义的军阀、官僚、买办阶级、大地主阶级以及附属于他们的一部分反动知识界，是我们的敌人"①，提出了中国革命的任务是打倒帝国主义、封建主义和官僚资本主义。在1945年中国共产党第七次全国代表大会闭幕式上，毛泽东明确提出："现在也有两座压在中国人民头上的大山，一座叫做帝国主义，一座叫做封建主义。中国共产党早就下了决心，要挖掉这两座山。"②1948年4月，毛泽东《在晋绥干部会议上的讲话》中，把官僚资本主义同帝国主义、封建主义一起列为中国革命的对象，指出"无产阶级领导的，人民大众的，反对帝国主义、封建主义和官僚资本主义的革命，这就是中国的新民主主义的革命，这就是中国共产党在当前历史阶段的总路线和总政策"③。

随着中华人民共和国的成立，无产阶级领导的、以工农联盟为基础的新民主主义国家政权诞生，消除"三座大山"的历史性任务基本完成。

新中国成立之初，中国仍处于新民主主义向社会主义过渡的时期，由于经历了长期的动乱与战争，社会矛盾尖锐，经济水平落后，全国尚有三分之二以上的地区没有进行土地改革，人民生活水平普遍

① 《毛泽东选集》第一卷，人民出版社1991年版，第3页。
② 《毛泽东选集》第三卷，人民出版社1991年版，第1050页。
③ 《毛泽东选集》第四卷，人民出版社1991年版，第1314页。

图 1-1 中国共产党第七次全国代表大会现场

较低。当时的经济制度是一种多元所有制的经济结构,国营经济、合作经济、个体经济、私人资本主义经济同时并存。1953 年起,中国开始进行社会主义工业化建设和对农业、手工业与资本主义工商业的社会主义改造(即三大改造),逐步完成由新民主主义社会向社会主义社会过渡。

二、实现“耕者有其田”的土地改革

新中国成立初期,中国完成土地改革的地区的农业人口约为1.45亿,尚未完成土地改革的地区的农业人口约为 2.64 亿。按照《中国人民政治协商会议共同纲领》的规定,国家要“有步骤地将封建半封建的土地所有制改变为农民的土地所有制”。从 1950 年冬到1953 年春,党领导农民完成了土地制度的改革。

1950 年 1 月,中共中央下达《关于在各级人民政府内设土改委员会和组织各级农协直接领导土改运动的指示》,开始分批实行土改的准备工作。党中央明确规定了新解放区土地改革的总路线和总政策:依靠贫雇农,团结中农,有步骤地、有分别地消灭封建性剥削的土地制度,发展农业生产。新解放区土地改革的基本内容,是没收地主阶级的土地,分配给无地少地的农民,把封建剥削的土地所有制改变为农民的土地所有制。对于地主分子,同样分给一定数量的土地,让其在劳动中改造为新人。同年 6 月 30 日,中央人民政府委员会通过和颁布实施了《中华人民共和国土地改革法》,成为指导土地改革的基本法律依据。土地改革法规定,废除地主阶级封建剥削的土地所有制,实行农民的土地所有制,借以解放农村生产力,发展农业生产,为新中国的工业化开辟道路。同时规定,把过去征收富农多余土地财产的政策,改为保存富农经济的政策,以便更好地孤立地主、保护中农和小土地出租者、稳定民族资产阶级。《中华人民共和国土地改革法》公布以后,土地改革运动在有 3.1 亿人口的新解放区有计划、有步骤地开展。

图 1-2　参与土地革命的群众

中国共产党领导农民进行土地改革的根本目的是解放农村生产力。土地改革分两步,第一步于全国解放以前在党领导的解放区进行,这些解放区主要位于东北、华东和西北的部分地区,到 1949 年 6

月,有1亿多的农民从地主和旧富农手中获得了3亿亩土地;第二步是在全国解放以后,从1950年到1952年冬,除新疆农区等少数地区外,全国大陆总计约有3亿无地少地农民(占当时农村人口的70%~80%)分到了约7亿亩土地和大批农畜、耕具等生产资料,免除了过去每年向地主交纳的约350亿公斤粮食的地租。土地改革后,占农村人口90%以上的贫雇农、中农占有全部耕地的90%以上,原来的地主、富农只占有全部耕地的8%左右,这样就在大陆农村彻底废除了封建土地所有制,改变了不合理的土地占有关系,建立了以农民个体所有制为基础的"耕者有其田"的土地制度,农民成为土地的真正的主人。农村生产关系的变革极大地激发了广大农民的生产热情与积极性,加之社会安定,政治清明,政府领导农民兴修水利、改良种子、推广新式农具、防治病虫害等等,促使农业生产得到了迅速的恢复与发展。据统计,1952年与1949年相比,农业总产值由326亿元增加到461亿元,增长48.4%,年均增长14.1%。粮食产量从11318万吨增加到16392万吨,3年增加了5074万吨,增长了44.8%,年均增长13.1%;棉花产量从44.4万吨增加到130.4万吨,3年增长193.7%,年均增长43.1%;油料产量从256.4万吨增加到419.3万吨,3年增长63.5%,年均增长17.8%;其他如黄麻、糖料作物、桑蚕茧、茶叶、烤烟、水果、大牲畜、生猪、羊、水产品等农林畜产品的产量也都呈百分之几十甚至成倍的增长。到1952年,粮食、棉花、黄红麻、甘蔗、甜菜、烤烟、大牲畜、生猪、水产品的产量都已超过历史最高水平。[①] 同时,农村各阶层占有的生产资料也都有增加,农民的生产规模都有不同程度的扩大。据国家统计局对18个省12175户农民的调查显示,1954年与土地改革结束时相比,农民占有的耕地、耕

① 苏少之:《中国经济通史·第十卷》(上册),湖南人民出版社2002年版,第89页。

畜、犁、水车、胶轮车、大车和船分别增加了6.5%、49.9%、15.3%、10.6%、129.6%、50.6%和17.4%。其中,贫农占有的各种主要生产资料的增长速度都超过了平均水平。① 农业生产的迅速恢复和发展,为整个国民经济的恢复发展和人民生活的改善打下了良好的基础。

随着农村经济的恢复和发展,农民收入增加,生活得到初步改善。1952年与1949年相比,农民家庭人均收入从44元增加到57元,增加了近30%,消费水平提高20%左右;农业人口平均的粮食产量从209公斤增加到288公斤,农民留用的粮食增长了26.4%;食油、肉、棉布的消费量提高了50%左右。1953年以后,国家稳定了农民的农业税负担和适当地提高了粮食的收购价格,农民的生活又比土改完成时有了进一步改善。从收入水平看,1954年农户平均年总收入692.9元,人均144.4元。户均年支出667.7元,人均支出141.8元。在总支出中,生活用品支出453.8元,占68%;生产用品支出156.6元,占23.4%;纳税和其他支出57.3元,占8.6%。② 农民收入和消费水平的增长是建立在广大农民收入普遍增长基础之上的。据中共云南省陆良县委对该县马军堡村161户的调查,1953年与1952年相比,人均总收入增长8.38%,其中贫农人均收入增长24%,一般中农增长6.7%,富裕中农增长15.21%。以土地改革完成较早的老解放区农民的粮食收支情况为例,据山西武乡县对6个典型村1170户的调查,1950年存粮1~10石者占总户数的46.3%,够吃够用户占47.2%,不够吃用者占6.5%。另据河北沧县地委对该地区9个村1704户的调查,1950年存粮100~1000斤者占总户数的41.85%,够吃够用的占48.3%,不够吃用的占9.85%。据其中6个村调查,战前中农平均每人每年消费粮食550斤,贫农消费350

① 苏少之:《论我国农村土地改革后的"两极分化"问题》,《中国经济史研究》1989年第3期,第2页。

② 国家统计局:《1954年我国农家收支调查报告》,中国统计出版社1957年版,第26—29页。

斤,1950年已分别增加到630斤和450斤。[①] 新中国成立前广大贫雇农"糠菜半年粮"的情况已经发生了根本的变化。

土地改革运动,从经济基础上彻底摧毁了地主阶级,同时也削弱了富农阶级。没收或征收的土地、财产全部分给了贫雇农和部分下中农,使农民所得到的土地占到总面积的95%,基本上满足了农民对土地的要求。

土地改革使农民从经济上翻身做了主人,摆脱了被压迫被剥削的命运,从而最深入、最广泛地调动了农民群众的革命和建设的积极性,使农业生产力获得了极大的解放。土地改革确立了贫雇农在农村中的优势地位,巩固了工农联盟,使绝大多数农民获得了基本的生产资料所有权,为引导亿万农民走上集体化道路创造了条件,更为亿万穷苦的中国百姓摆脱贫困创造了条件。

三、阶段性的农业集体化

农业合作化的起源可追溯到革命根据地、解放区时期,那时许多农村组织了互助组进行农业生产。随着土地改革的完成与经济体制的调整变革,中国开始通过各种互助合作的形式,把以生产资料私有制为基础的个体农业经济,改造为生产资料公有制为基础的农业合作经济。

由于农村农户的经济普遍上升,农村阶级结构发生了很大的变化,其基本特点是成分普遍上升或接近上升,即农村阶级结构出现了中农化的趋势。据国家统计局对21个省14334户的调查,1954年与土改结束时相比,贫雇农占农户总数的比例从57.1%下降到29%,

① 苏少之:《论我国农村土地改革后的"两极分化"问题》,《中国经济史研究》1989年第3期,第2—3页。

中农占总户数的比例从35.8%上升到62.2%，接近三分之二，中农成为农村生产资料的主要拥有者。即使是处于贫农地位的农户，他们中也有一大部分农户的经济状况是呈上升趋势的。广大农民通过自己的劳动获得所需的基本生活资料，逐步解决了温饱问题，生活得到了改善，抵御风险的能力也大大提高，农村中的贫困对象逐步减少。据1953年中南区35个乡的调查显示，严重困难户的数量并不多，仅占贫农户的三分之一左右，占农村总户数的10%。这些农户大多是孤、寡、老、弱及烈、军、工属等等，造成他们收入没有好转的原因，或者说造成严重经济困难的原因，主要是家底薄、生产资料不足、缺乏劳动力、经营不善、大病重病等等，加上当时自然灾害频繁，抗灾能力相对低下。他们有的欠债，有的出卖或者出租土地。这些贫农户的困难状况，尤其是他们把自己刚刚分到不久的土地再度转手卖掉的事情，引起了中国共产党的极大关注，成为后来党制定农业合作化政策和推动农村合作社迅速升级的基本出发点。[①]

图1-3　庆祝人民公社成立的盛况

1953年大规模经济建设与农副产品供应紧张的矛盾，使中国共产党更加关注如何加强农业发展问题。1953年底，中共中央发出

① 宋士云、苏少之：《中国农村社会保障制度结构与变迁》，《共和国农业史料征集与研究报告》2003年第9集，第98—99页。

《关于发展农业生产合作社的决议》,组织农业生产合作社的运动迅速在全国展开,1954年农业合作社的数量比1953年增加了15倍,已大大突破了原定的发展计划。1954年4月召开的第二次全国农村工作会议提出,1955年合作社要发展到30万个或35万个。1954年11月召开的第四次全国互助合作会议,进一步提出在1955年春耕前将合作社发展到60万个。于是,1954年冬、1955年春全国农村掀起了建立合作社的浪潮,1955年3月全国农业合作社达到67万个,经过整顿仍然达到65万个。[①] 1955年7月31日,毛泽东作了《关于农业合作化问题》的报告,提出农业合作化赶快上马的问题,推动了全国农业合作化进入高潮。

山西省昔阳县大寨公社大寨大队,位于昔阳县东南,是海拔1000米的土石山区,800多亩土地,90%都散布在"七沟八梁一面坡"的贫瘠土地上,这里穷山恶水土地薄,素有"穷山恶水沟作怪,冲走水土灾害来"的说法。农业合作化以后,经过十几年的努力,大寨大队社员逐步改变了恶劣的生产条件,粮食产量不断上升,社员生活也得到了改善。1963年秋天,大寨遇到了特大洪水灾害,大寨人10年来修好的100多条大石坝被冲毁了,层层梯田冲成大沟壑,许多房屋倒塌,但大寨大队的社员不要国家救济款、救济粮、救济物资,靠自己的双手进行生产自救,在秋后一斤不少地完成了国家粮食征购任务。大寨人这种自力更生、重建家园的壮举受到了中央领导人的重视。

1964年12月,周恩来总理在第三届全国人民代表大会第一次会议上所作的《政府工作报告》中,介绍了大寨大队的先进事迹。周恩来指出,大寨大队"是一个依靠人民公社集体力量,自力更生地进行农业建设、发展农业生产的先进典型","大寨大队所坚持的政治挂

① 吴理财:《中国农村治理变迁及其逻辑:1949—2019》,《湖北民族学院学报(哲学社会科学版)》,2019年第3期,第1—10、177页。

帅、思想领先的原则，自力更生、艰苦奋斗的精神，爱国家爱集体的共产主义风格，都是值得大大提倡的”。

1964 年 2 月 10 日，《人民日报》发表了长篇报道《大寨之路》和社论《用革命精神建设山区的好榜样》，介绍了大寨的事迹和经验，号召全国学大寨。

专栏 1-1　大寨之路

大寨生产大队在层峦叠嶂的太行山中，斜坐在山西省昔阳县大寨公社的一个山坡上。这里穷山恶水土地薄，全村的耕地散在“七沟八梁一面坡”上。就在这贫瘠的山梁上，大寨人在党的领导下，在集体经济的广阔的天地中，赶着黄牛、担着箩头、挥着镢头，勤俭创业，奋发图强，开辟了一条发展生产的道路。从农业生产合作社成立到现在，大寨人在这条路上坚定地走了 11 年。旧社会，大寨 802 亩地，4700 多块，块块土地都是：土块打不烂、风吹遍地干，地边白草绣成团，地墙荆棘围了个严。一亩地好年景打不下 140 斤粮。那时候全村 60 多户人家，一大半是扛长工、打短工、赶牛放马、讨吃要饭的。大寨人碗里除了糠，就是菜。现在的党支部书记陈永贵说，当年一斗黑豆、40 斤面麸、80 斤谷糠，就要吃一年。那时候，这个山村里只有七牛、八驴、一口猪，十份里有七份是一家地主、三家富农的。11 年后的今天，这一切都变了。七条大沟，几十条小沟，在大寨人手里变成了肥沃的洼地。4700 多块土地被大寨人连成了 2900 块。“沟沟壑壑种地，坡坡凹凹打粮”，人们在土地上得到的报酬，比当年提高了 4 倍。11 年，大寨变得家大业大，骡马成群了。仓库里储备着 7 万多斤粮，畜圈里拴着 12

> 匹大马、9头骡子、11头驴和32头牛,另外还有120多口肥猪、240多只羊。11年,大寨十年受灾,大寨只借过国家一次钱,却向国家交售了175.8万斤粮。每户平均2.2万斤。11年,大寨人用双手把贫困交给了历史,用两肩担来了幸福![①]

土地改革之后,农民虽获得了土地,但是由于牲畜、生产工具的普遍缺乏,依靠农民的家庭经营,很难完成农业生产的全过程。为了不使农业生产中断,在政府的倡导下,农民进行互助合作,农业生产互助组得到了迅速的发展,为农民的发展、农业的壮大创造了条件,同时也为国家工业化做出了贡献。农业生产合作社以社员私有的土地及耕畜、大农具等生产资料入股,由生产合作社统一经营,规模一般是以十多户至几十户为一个生产单位。社员按照入股土地及其他生产资料的质量和数量获得适当报酬,同时根据其劳动(评工计分)的好坏来获得报酬。通过参加各种形式的互助合作组织,在一定程度上既能解决贫困农户缺少耕畜和大农具等生产资料的问题,又可缩小不同农户之间由于生产要素的多寡所带来的生产收益差距和贫富差距。同时,合作社可拿出部分积累,用于救助困难户。[②] 因此,农业生产互助合作运动特别受到困难农民的拥护和欢迎,对于当时人民摆脱贫困起到了积极的作用。1957—1978年,我国农民家庭平均每人纯收入从72.95元增加到133.57元,同期人均主要农产品产量从612斤增长到637斤。[③] 据统计,1978年社员从集体分得的收入每人平均在40元的基本核算单位有77.02万个,占基本核算单位总

① 莎荫、范银怀:《大寨之路》,《人民日报》1964年2月10日。

② 宋士云:《新中国农村社会保障制度结构与变迁(1949—2002)》,中南财经政法大学2005年博士论文。

③ 国家统计局:《中国统计年鉴·1983》,中国统计出版社1983年版,第499页。

数的16.5%;从集体分得的粮食每人平均在300斤以下的基本核算单位有46.3万个,占基本核算单位总数的10.6%;超支户3294万户,占参加分配总户数的19.5%。[①]

四、优先发展重工业战略

新中国成立初期,中国面临的严峻问题是经济基础非常薄弱。党的七届二中全会报告指出,当时的中国现代工业产值只占国民生产总值的10%左右。从1949年底到1950年5月,燃料工业部、重工业部先后召开会议研究工业建设问题,据统计,当时重工业生产总值仅为37亿元。要搞工业化,首先必须有生产资料,有动力、原材料,因此,优先发展重工业战略是当时中国经济建设的必然选择。

石油是世界上最重要的战略资源之一,大到国家的工业、农业、交通、国防,小到每个人的衣食住行,全都无法离开石油。而在新中国成立初期,中国遭受到了欧美资本主义国家的经济封锁,石油作为重要的工业资源被限制。

为了打破欧美资本主义国家的经济封锁,根据著名地质学家李四光的理论,勘探工人在黑龙江省松嫩平原中部安达市(今大庆市)发现了大油田。这里油气储量丰富,原油质量好,含硫低,轻质油成分高。自1960年5月开始,从玉门、新疆、青海、四川等石油管理局和全国30多个石油厂矿、院校抽调了几十支优秀的钻井队、几千名科技人员、4万多名职工,集中了7万多吨器材和设备,在大庆地区进行了油田勘探和开发。经过3年多的努力,到1963年底,探明地质储量26亿7000万吨,累计生产原油1000多万吨,当年生产原油600多万吨,国家投资7.1亿元全部收回,还为国家积累了资金3.5亿

① 马洪、孙尚清:《中国经济结构问题研究(下册)》,人民出版社1981年版,第579—580页。

元。在这场石油会战中,锻炼培养了一支有技术素养、干劲大、有组织、有纪律、能吃苦耐劳、能打硬仗的石油工业队伍。

大庆的成就和经验引起了中共中央和国务院领导的高度重视。1964年2月5日,中共中央发出通知,指出大庆油田的开发,是一个多快好省的典型。他们把政治思想、革命干劲和科学管理紧密结合起来,把工作做活了,把事情做活了。大庆油田的一些经验,不仅在工业部门中适用,在交通、财贸、文教各部门,在党、政、军、群众团体的各级机关中也都适用。通知发出后,全国工交战线开始了学习大庆经验的运动。

1964年4月20日,《人民日报》刊发了《崇高的榜样(编后)》,指出“大庆油田的一切成果,集中到一点上来说,那就是由于他们坚持高举毛泽东思想的红旗,把高度的革命干劲和严格的科学态度紧密结合在一起”[①]。

图1-4　大庆油田

1964年12月,周恩来总理在第三届全国人民代表大会上所作的《政府工作报告》中,介绍了大庆的先进事迹,高度总结了大庆的基本经验,进一步提出了学习大庆的号召。我国工交战线上的广大职工以大庆为榜样,加强政治工作,发扬艰苦奋斗的精神,坚持科学态度,

① 袁木、范荣康:《大庆精神大庆人》,《人民日报》1964年4月20日。

完善各项规章制度,使广大工交企业的生产得到了很大发展,职工精神面貌焕然一新。

现代工业的发展既关乎国家的兴盛,又关系到每个人的日常生活水平。毛泽东强调:“要把一个落后的农业的中国改变成为一个先进的工业化的中国,发展现代工业,建立独立、自由、民主、统一和富强的新中国,才能使中国社会生产力获得解放,才是中国人民所欢迎的。”①周恩来指出:“不建设起强大的现代化的工业、现代化的农业、现代化的交通运输业和现代化的国防,我们就不能摆脱落后和贫困,我们的革命就不能达到目的。”②中国要想彻底摆脱贫困,就必须发展现代化大工业。

周恩来在1954年第一届全国人民代表大会第一次会议上指出:“重工业需要的资金比较多,建设时间比较长,赢利比较慢,产品大部分不能直接供给人民的消费,因此在国家集中力量发展重工业的期间,虽然轻工业和农业也将有相应的发展,人民还是不能不暂时忍受生活上的某些困难和不便。但是我们究竟是忍受某些暂时的困难和不便,换取长远的繁荣幸福好呢,还是贪图眼前的小利,结果永远不能摆脱贫困和落后好呢?我们相信,大家一定会认为第一个主意好,第二个主意不好。”③

中国实行优先发展重工业的战略,在比较短的时间里提高了国防和军事防御能力,成功地爆炸了原子弹、氢弹,发射了卫星,提高了中国的国际地位,保证了国家的安全和主权完整。依靠国家政权的动员和组织力量,迅速建立起比较完整的工业体系。国家的社会主义工业化,是国家独立和富强的当然要求和必要条件。“一五”计划

① 《毛泽东选集》第三卷,人民出版社1991年版,第1079页。

② 周恩来:《政府工作报告》(1954年9月23日),中共中央文献研究室:《建国以来重要文献选编》第五册,中央文献出版社1993年版,第584页。

③ 《周恩来选集》下卷,人民出版社1984年版,第133—134页。

使一批为国家工业化所必需而过去又非常薄弱的基础工业建立了起来,改变了重工业基础极其薄弱,生产水平相当低的落后状况,建立起了独立的比较完整的工业体系和国民经济体系,初步解决了国民经济的“软骨病”,也为改革开放后中国工业的快速发展并成为世界“制造业中心”创造了条件,积累了经验。

五、“五保户”的政策兜底

在“城乡分割,有效兼顾”的制度救济式扶贫模式下,中国建立起以“五保”供养政策为代表的,全国统一的基本医疗保险、救灾救济、优抚安置的农村社会保障扶贫的政策体系。

农村五保户政策是指对农村村民中无法定赡养人、无劳动能力、无生活来源的老人、残疾人和未成年人在吃、穿、住、医、葬和未成年人教育等方面给予生活照料和物质帮助。农村五保供养制度于1956年建立,并在1994年由国家以政府法规的形式予以确定。2006年新修订的《农村五保供养工作条例》出台,五保户被正式纳入国家救助体系,标志着五保户供养实现了从农民集体内部的互助共济体制向国家财政供养为主的现代社会保障体制的“历史性转变”。

1956—1978年间,五保户制度的运转主要依靠集体公益金运行,由生产队或者生产大队组织实施供养。在人民公社阶段,五保供养制度深受集体经济的影响,为解决农村中特殊困难群众的生活问题,中央政府出台了五保供养政策。这项政策的形成标志是1956年出台的两项法规性文件:《1956年到1967年全国农业发展纲要》《高级农业生产合作社示范章程》。其中,《1956年到1967年全国农业发展纲要》规定:农业合作社对于社内缺乏劳动力、生活无依无靠的鳏寡孤独农户和残疾军人,应当在生产和生活上给予适当的安排,做到保吃、保穿、保暖、保教(儿童和少年)、保葬。《高级农业生产合作社示范章程》在第 53 条中作出了类似的规定。这两个文件是最早提出五保供养的法规性文件,构建了我国农村五保供养制度的雏形。[①]

《高级农业生产合作社示范章程》第 14 条规定:“对于完全丧失劳动能力,历来靠土地收入维持生活的社员,应该用公益金维持他们的生活。”而用来发展合作社文化、福利事业的公益金不能超过农业生产合作社扣除消耗以后所留下的收入的 2%。这就确立了合作社及后来的人民公社是五保户供养的责任主体,生产队为五保户的实际供养者。这一时期的五保供养工作是农村高度集体化的产物,五保供养的物资来源主要是集体分配和公益金补助。作为一项救助制度,在国家财政投入缺位的情况下,五保供养制度是以公社内部剩余和积累为基础的互助共济,是对农村特殊贫困人口的兜底保障,对贫困人口起到了一定的扶持作用。

据 1963 年湖北省民政厅的调查,湖北省 1962 年农村五保户和困难户共有 97 万多户,350 余万人,占农业人口 12.5%,其中五保户 23 万多户,32 万人,占总农业人口 1.2%,困难户 74 万多户,318 万多人,占总农业人口的 11.7%。有 60%以上的困难户得到了补助(其他得到了国家的救济)。补助的具体形式有两种:一是照顾工分,参加一切分配;一是照顾实物加现金,其中有的光照顾口粮(灾区),有的采取一切物资按三七开或四六开(即基本物资占百分之六十或七十,工分部分占百分之三十或四十)的分配方法。计算方法一般的都是以困难大小,即自做工分多少和家庭副业收入多少为依据的。具体的方法有四种:一是以社员三定(定劳动日、定工分、定肥料)为基础,计算出困难户全年应做的工分,在年终分配时,以生产队实做

① 崔乃夫:《当代中国的民政》(下),当代中国出版社 1994 年版,第 48—53 页。

工分的每人平均数为标准，困难户预计工分每人平均数达不到这个标准80%的，补助到80%；二是以生产队每人平均实做工分为标准，困难户实做工分每人平均达不到的，所缺数即为补助数；三是以生产队分配的基本生活需要物资为标准，困难户的现金收入，买不回来的，差多少补多少；四是劳动力带非劳动力，即男带二、女带一，半劳力自己保自己，带不完的人口，由生产队补助。

1957年，山东省农村享受五保供养的有6万户、7万余人，年人均供给约50元。黑龙江省农村享受五保待遇的有3万人，其中约有1.9万人可以参加一些轻微劳动。福建省享受五保供给待遇的达5万余人，省民政厅还拨专款给五保户以生活补助。安徽省则按照五保户的生活状况，把他们分为全保户、半保户和补助户三种，采取补助劳动日、补助现金和补助实物三种方法供养，其中以补助劳动日较为普遍。补助的劳动日，从农业社的公益金中开支，不参加社员集体分配。1957年，安徽省享受五保待遇的有234524户、373182人，占入社总户数的3.1%、总人数的1.3%。淮南、江南地区全保户年人均50元，半保户30元，补助户20元左右(不包括国家救济)，淮北地区稍低。绝大多数的五保户生活安排较好，孤老残幼人员感到满意。据1958年统计，全国农村享受五保的有413万户、519万人。[①] 各地根据党和政府关于社会救济工作政策的精神，结合当地的实际生活水平，对五保户，通过五保政策，使他们的生活相当于一般社员的生活水平；对生活困难户，通过集体补助，保证他们的基本生活需要。

五保户政策的建立与发展，对于解决农村中绝大多数鳏寡孤独残疾人的生活问题起到了重要的积极作用，对建立具有中国特色的社会保障制度，发扬光大尊老爱幼、扶贫助困的传统美德，体现社会

① 宋士云:《1956—1983年集体经济时代农村五保供养制度初探》,《贵州社会科学》2007年第9期,第100—101页。

主义制度的优越性，体现党和政府对群众的关怀，促进社会稳定都产生了明显的社会效益。

本章小结

鉴于封建土地私有制是导致农村普遍贫穷落后、农民受剥削压迫的主要根源，在全国范围内开展土地改革，使绝大多数农民获得了基本的生产资料所有权，便成了农民摆脱贫困的基本前提。为改变农村和农民的贫困状况，中国进行土地改革，建立计划经济体制，推行"城乡分割，有效兼顾"的制度救济式扶贫模式，形成以单位制为主要特征进行全方位福利供给的城市扶贫模式，和以人民公社为基础、以社会救济为典型特征的集体农村扶贫模式。在城乡有别的基础上，国家还建立起全国统一的基本医疗保险、"五保"供养、救灾救济、优抚安置的农村社会保障扶贫的政策体系。

截至1977年，全国28个省、市、区（除西藏），穷县数量为515个，占全国总数的22.5%，其中人均分配收入40元以下的县为182个，占全国总县数的7.9%。穷队数180万个，占全国总队数的39%。① 全国贫困人口规模达2.5亿，贫困发生率为30.7%。② 但中国共产党领导全国人民为解放和发展生产力做出了不懈努力，生产力和绝大多数人口的生活水平都有明显提高，为改革开放提供了基础。

---

① 张磊：《中国扶贫开发政策演变：1949～2005年》，中国财政经济出版社2007年版，第34页。

② 国务院新闻办公室：《中国的农村扶贫开发》，资料来源：2001年10月15日国务院新闻办公室网站。

第二章
体制改革推动减贫阶段
(1978—1985年)

1978年召开的十一届三中全会上，中央宣布全面推行改革开放战略。党中央认识到，造成农村人口大面积贫困的原因是生产力低下，无法满足广大民众的生存需求，而限制生产力的根本原因则是体制的落后。为了从根本上解决广大农民的生存问题、激发农村经济发展的潜力，在十一届三中全会思想的指导下，中国以体制改革为开端，展开了一系列反贫困实践，农村扶贫开始由救济为主转向经济发展带动扶贫为主。

以中国共产党十一届三中全会和1979年通过的《中共中央关于加快农业发展若干问题的决定》为标志，中国拉开了农村经济体制改革的帷幕，农村扶贫工作开始了以体制改革推动扶贫的崭新阶段。首先，通过土地制度改革实行家庭联产承包责任制，解放农业生产力，调动农民的积极性，促进农村发展。第二，鼓励乡镇企业发展，促使农村剩余劳动力向城市转移。第三，开展专项扶贫活动，设立专项扶贫财政基金。第四，放宽农村劳动力的输出限制，鼓励农村剩余劳动力向城镇转移，提高其收入水平。这些举措从制度上改善了农村的贫困状况，提高了农民的生活水平。这一阶段的扶贫政策仍然以

“输血”式扶贫为主，通过出台优惠政策，促进贫困地区的经济发展来减贫，这种策略对于贫困地区的农户增收有着较大的作用。[①]

一、土地制度改革

20世纪50年代开始实行的农业合作化运动，60—70年代的“文化大革命”运动，使农民失去了对土地的所有权、使用权和经营权，严重影响了农民的生产积极性，农民生活普遍困难。1978年，按当时的贫困标准统计，贫困人口为2.5亿人，占农村总人口的30.7%。导致大面积贫困的主要原因是农业经营体制不适应生产力的发展需要，农民生产积极性低下。因此，制度的变革就成为缓解贫困的主要途径。[②] 中国从土地制度改革着手，实施家庭联产承包责任制，通过包产到组和包产到户，极大激发农民的农业生产积极性。[③]

农村家庭联产承包责任制从试点到普遍推行大致经历了四个阶段：一是包产到组阶段，二是“包产到户”逐步放开和包干到户阶段，三是农村家庭联产承包责任制确立阶段，四是农村家庭联产承包责任制全面实施和制度体系完善阶段。通过四个阶段渐进式的推广，家庭联产承包责任制在全国范围内实施。家庭联产承包责任制的推行，使农民拥有了使用和管理土地的权利，大大提升了农民的生产积极性，提升了农村生产率，提高了农民收入，对农村减贫起到了非常重要的作用。[④]

---

① 唐超、罗明忠、张苇锟：《70年来中国扶贫政策演变及其优化路径》，《农林经济管理学报》2019年第3期，第283—292页。

② 国务院新闻办公室：《中国的农村扶贫开发》，资料来源：2001年10月15日国务院新闻办公室网站。

③ 苏礼和：《新中国成立以来中国共产党扶贫思想与实践研究》，福建师范大学2017年博士论文。

④ 张琦、冯丹萌：《我国减贫实践探索及其理论创新：1978～2016年》，《改革》2016年第4期，第27—42页。

1980年,中共中央下发75号文件,即《中共中央印发〈关于进一步加强和完善农业生产责任制的几个问题〉的通知》,肯定了包产到户的社会主义性质。文件指出,对贫困地区来说,“包产到户”是一种必要措施。

从1982年到1986年,中央连续出台5个一号文件,确认并推广家庭联产承包责任制。其中,1984年中央一号文件首次提出允许土地转包。也是在这一年,中国人均粮食拥有量达到800斤,接近世界平均水平。

1982年1月1日,《全国农村工作会议纪要》明确指出,包产到户、包干到户或大包干都是社会主义生产责任制。1982年中央一号文件《全国农村工作会议纪要》对1978年以来我国迅速推进的农村改革进行了总结,肯定了家庭联产承包责任制的性质。

专栏2-1 1982年中央一号文件

1982年1月1日,中共中央批转《全国农村工作会议纪要》(简称1982年中央一号文件)。纪要指出:目前,全国农村已有90%以上的生产队建立了不同形式的农业生产责任制,包括小段包工定额计酬,专业承包联产计酬,联产到劳,包产到户、到组,包干到户、到组,等等,都是社会主义集体经济的生产责任制,反映了亿万农民要求按照中国农村的实际状况来发展社会主义农业的强烈愿望。不论采取什么形式,只要群众不要求改变,就不要变动。各级党的领导应向干部和群众说明,我国农业必须坚持社会主义集体化的道路,土地等基本生产资料公有制是长期不变的,集体经济要建立生产责任制也是长期不变的。中央同意纪要的基本内容,指出:实践证明,党的十一届三中全会以来,我们的农村政策是正确的，农村经济近几年的变化、发展是令人鼓舞的。

1983 年 1 月，中央出台一号文件《当前农村经济政策的若干问题》，从理论上肯定了家庭联产承包责任制。文件指出，家庭联产承包责任制“是在党的领导下中国农民的伟大创造，是马克思主义农业合作化理论在我国实践中的新发展”；肯定了家庭联产承包责任制的作用，“联产承包责任制和各项农村政策的推行，打破了我国农业生产长期停滞不前的局面，促进了农业从自给半自给经济向着较大规模的商品生产转化，从传统农业向着现代农业转化”。

专栏 2-2　1983 年中央一号文件

1983 年 1 月 2 日，中共中央印发题为《当前农村经济政策的若干问题》的文件(简称 1983 年中央一号文件，1982 年 12 月 31 日经政治局讨论通过)，作为草案给各地试行。文件指出：党的十一届三中全会以来，我国农村发生了许多重大变化。其中，影响最深远的是，普遍实行了多种形式的农业生产责任制，而联产承包制又越来越成为主要形式。文件提出，当前农村经济政策中的问题是：(一)各地要根据本地区的资源条件和经济技术条件，拟定自己的农业发展规划，并采取有力措施，保证实现。要按照我国的国情，逐步实现农业的经济结构改革、体制改革和技术改革，走出一条具有中国特色的社会主义的农业发展道路。(二)走农林牧副渔全面发展，农工商综合经营的道路。(三)稳定和完善农业生产责任制，仍是当前农村工作的主要任务。(四)适应商品生产的需要，发展多种多样的合作经济。长期以来，由于"左"倾错误的影响,流行着一些错误观念:一讲合作就只能合并全部生产资料,不允许保留一定范围的家庭经营;一讲合作就只能限于按劳分配,不许有股金分红;一讲合作就只限于生产合作,而把产前产后某些环节的合作排斥在外;一讲合作就只限于按地区来组织,搞所有制的逐级过渡,不允许有跨地区的、多层次的联合。这些脱离实际的框框,现在开始被群众的实践打破了。(五)改革人民公社体制,实行生产责任制,特别是联产承包责任制,实行政社分设。(六)在农村允许资金、技术、劳动力一定程度的流动和多种方式的结合。(七)搞活商品流通,促进商品生产的发展,要打破城乡分割和地区封锁,广辟流通渠道。(八)要继续进行农业技术改造,建立与健全农业科学技术研究推广体系和培养农村建设人才的教育体系。(九)加快农村建设,必须广辟资金来源。(十)农、林、牧、副、渔等各业,都应根据因地制宜、发挥优势、适当集中的原则,建立一批商品生产基地。(十一)力争尽快改变边远山区和少数民族地区的贫困面貌。(十二)采取多方面有力措施,认真对待森林过伐、耕地减少、人口膨胀问题。(十三)党在农村的工作,必须坚持一手抓物质文明,一手抓精神文明。(十四)系统地培训干部,提高干部素质,改善和加强党的领导。

1984年1月1日,中央颁发一号文件《关于1984年农村工作的通知》,强调要继续稳定和完善联产承包责任制,规定土地承包期一般应在15年以上。

专栏 2-3 1984 年中央一号文件

1984 年 1 月 1 日，中共中央发出《关于 1984 年农村工作的通知》。通知指出：1983 年 1 月发出的《当前农村经济政策的若干问题》，经过一年的试行，取得明显的成效，证明所提出的基本目标、方针、政策是正确的；中央决定作为今后一个时期内指导农村工作的正式文件，继续贯彻执行。1984 年农村工作的重点是：在稳定和完善生产责任制的基础上，提高生产水平，疏理流通渠道，发展商品生产。通知要求：土地承包期一般延长到 15 年以上，以鼓励农民增加投资，培养地力，实行集约经营；生产周期长的和开发性的项目，如果树、林木、荒山、荒地等，承包期应当更长一些；制止对农民的不合理摊派，减轻农民的额外负担；农村工业适当集中于集镇；发展林牧渔业；加强农村工作的领导，提高干部的素质；加强农村思想政治工作和文化教育工作。

1985 年 1 月，中央颁发《关于进一步活跃农村经济的十项政策》的一号文件，取消了 30 年来农副产品统购派购的制度，对粮棉等少数重要产品采取国家计划合同收购的新政策。一号文件在肯定广大农村正面临着加速发展商品生产有利时机的同时，也指出在农村生产向商品经济转化中还存在着种种不协调的现象，其中之一就是农产品统购派购制度，因此，要改革农产品统购派购制度，粮食、棉花取消统购，改为合同定购。这一政策对于促进当时农村商品经济发展起到了重要作用。[①]

① 曲延春、王成利：《政策演进与乡村治理四十年：1978—2018——以中央一号文件为基础的考察》，《学习与探索》2018 年第 11 期，第 66—74 页。

专栏2-4 1985年中央一号文件

1985年1月1日,中共中央、国务院发布《关于进一步活跃农村经济的十项政策》的文件(简称1985年中央一号文件)。文件指出:打破集体经济中的“大锅饭”以后,农村的工作重点是,进一步改革农村经济管理体制,在国家计划指导下,扩大市场调节,使农业生产适应市场需要,促进农村产业结构的合理化,进一步把农村经济搞活。文件的主要内容是:(一)改革农产品统购派购制度。国家不再向农民下达农产品统购派购任务,按照不同情况,分别实行合同定购和市场收购。(二)大力帮助农村调整产业结构,继续贯彻决不放松粮食生产、积极发展多种经营的方针。(三)进一步放宽山区、林区政策。(四)积极兴办交通事业。(五)对乡镇企业实行信贷、税收优惠。(六)鼓励技术转移和人才流动。(七)放活农村金融政策,提高资金的融通效益。(八)按照自愿互利原则和商品经济要求,积极发展和完善农村合作制。(九)进一步扩大城乡经济交往,加强对小城镇建设的指导。(十)发展对外经济、技术交流。以这个文件为标志,我国农村开始了以改革农产品统购派购制度、调整产业结构为主要内容的第二步改革。这个文件被评价为在农村改革上迈出了相当勇敢的一步。

1986年1月1日,中央颁发《关于1986年农村工作的部署》的一号文件,肯定农村改革方针政策是正确的,强调必须继续贯彻执行。该文件是20世纪80年代关于农村改革的最后一个中央一号文件,充分肯定了农村改革取得的成果。

专栏 2-5 1986 年中央一号文件

1986 年 1 月 1 日，中共中央、国务院发出《关于 1986 年农村工作的部署》（简称 1986 年中央一号文件）。文件指出：我国农村已开始走上有计划发展商品经济的轨道。农业和农村工业必须协调发展，把“无工不富”与“无农不稳”有机地结合起来。1986 年农村工作总的要求是：落实政策，深入改革，改善农业生产条件，组织产前产后服务，推动农村经济持续稳定协调发展。为达到这一总要求，必须进一步摆正农业在国民经济中的地位，坚定不移地把以农业为基础作为一个长期的战略方针；依靠科学，增加投入，保持农业稳定增长；深入进行农村经济改革；切实帮助贫困地区逐步改变面貌；加强和改进对农村工作的领导。

1982—1986 年的 5 个中央一号文件，其主要内容都是围绕家庭联产承包责任制、农业增长、商品生产、农村经济改革等展开的。虽然一号文件很少明确提到“提高农民收入”的概念，但是无论是农村经营制度的变革还是农村商品生产的发展，都是以提高农民收入为目标。这一时期农业增长的速度是罕见的，农民收入增长较快，城乡收入差距缩小明显，城乡收入差距从 1978 年的 2.57∶1 缩小到 1985 年的 1.86∶1。这一时期的中央一号文件已经形成了乡村治理促进农民增收的主线。[①]

改革开放之前，农村大面积贫困的主要原因在于农业经营体制不适应生产力发展的需要，农民的生产积极性低下。家庭联产承包责任制使农民获得了土地的经营权，农村分配制度的改革进一步激

① 曲延春、王成利：《政策演进与乡村治理四十年：1978—2018——以中央一号文件为基础的考察》，《学习与探索》2018 年第 11 期，第 66—74 页。

发了农民的生产积极性,以“平均主义”为核心的农村分配格局被打破。

案例2-1　小岗故事

小岗村位于安徽省滁州市凤阳县小溪河镇,村子不大,只有20户人家,100多口人。20世纪70年代,皖东农村生产停滞、经济困难。小岗村更是有名的“吃粮靠返销,用钱靠救济,生产靠贷款”的“三靠村”,大多数村民都曾有过出门讨饭的经历。[①] 从1966年到1978年,人均口粮只有200多斤,人均年收入不足20元,每到冬春季节,全村家家户户扶老携幼,外出乞讨,无一例外。1978年秋,严宏昌当上了小岗生产队的队长。

1978年11月24日晚,在村民严立华的破草房内,严宏昌领着17位农民,签下生死状:“我们分田到户,每户户主签字盖章,如以后能干,每户保证完成每户的全年上交和公粮,不在(再)向国家伸手要钱要粮。如不成,我们干部作(坐)牢割头也干(甘)心,大家社员也保证把我们的小孩养活到18岁。”代表们神情紧张地在一张字据上写下名字,按下了21个红手印,把村里的田地分给各农户。作为牵头人,严宏昌按了两次,20个人手印的上端有他单独的一个手印。

1979年秋天,小岗生产队迎来了粮食大丰收,粮食总产量达6万多公斤,相当于全队1955年到1970年15年的粮食产量总和。自1956年合作化以来,小岗村第一次向国

① 吴象:《农村改革为什么从安徽开始?》,《中国人力资源开发》1994年第2期,第24—35页。

家交了12488公斤公粮，小岗村每间土坯屋里都堆满了粮食。小岗村这份石破天惊的生死状，开创了家庭联产承包责任制的先河(俗称“大包干”)，不仅18户村民和小岗村的命运从此反转，中国的农村改革也由此启动，实行家庭联产承包责任制的风潮席卷全国，大批村庄开始“分田到户”，中国农村改革的序幕自此拉开。

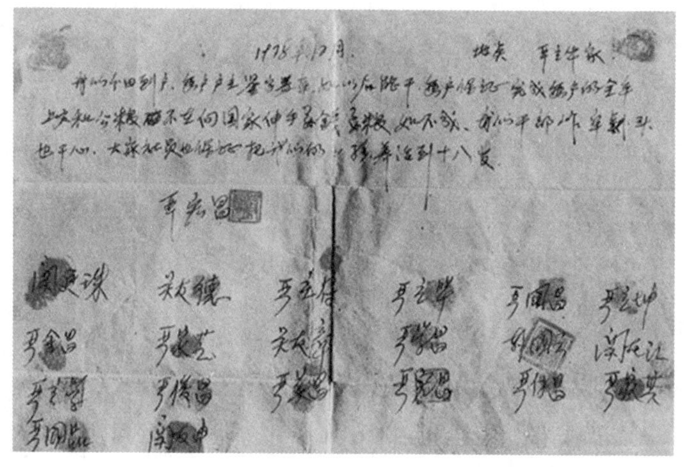

图2-1　1978年冬，安徽凤阳小岗村18位农民摁下“包产到户”的生死契约

在农村经济体制改革的大背景下，农产品价格形成和流通机制也亟待改革。中国自1979年起，从关乎国计民生的粮棉油入手，大幅度提高18种主要农产品的收购价格，平均提价幅度为24.8%，并发布了一系列相关的决策指示，逐渐减少粮食征购数量、开放有关农产品价格和城乡农产品集市贸易。[①] 同年9月，中共十一届四中全会通过了《关于加快农业发展若干问题的决定》，决定指出：“粮食统购价格从1979年夏粮上市起提高20%，超购部分再加价50%，其他农副产品价格也相应提高。”1985年初，中共中央、国务院出台《关于进一步活跃农村经济的十项政策》，“取消统购派购以后，农产品不再受

① 文建龙:《改革开放以来中国共产党的扶贫实践》,《大庆师范学院学报》2016年第1期，第26—31页。

原来经营分工的限制，实行多渠道直线流通，任何单位都不得再向农民下达指令性生产计划。”农产品流通体制的改革，加大了支农惠农力度，促进了农产品的加速流通，农业产量逐年递增，同时也充分调动了农民的生产积极性，加快了其脱贫致富的步伐。[①]

放开农产品价格、大力发展乡镇企业等多项改革，为解决农村的贫困人口问题打开了出路。这些改革，促进了国民经济快速发展，并通过农产品价格的提升、农业产业结构向附加值更高的产业转化以及农村劳动力在非农领域就业三个渠道，将利益传递到贫困人口，使贫困农民得以脱贫致富，农村贫困现象得到大幅度缓解。

据统计，1979—1984年，我国农业总产值年均增长率达到7.9%，比1978年前26年年平均2.7%的增长速度高1.9倍。粮食总产量由1978年的30477万吨增加到1984年的40731万吨，平均每年增加1709万吨，年均增长率达4.95%，比前26年的2.41%的增长率高1倍多。同期，全国棉花总产量由216.7万吨增加到625.8万吨，增长1.8倍，油料产量由521.8万吨增加到1191万吨，增长1.3倍；猪牛羊肉产量由856.3万吨增加到1540.6万吨，增长80%。[②]1978—1984年，食品的人均消费量，粮食由145.46公斤提高到249.65公斤，植物油由1.6公斤提高到4.66公斤，猪肉由7.67公斤提高到10.23公斤。至于家禽、鲜蛋及水产品等食品的人均消费量也都有较大幅度提高。这些成就的取得，使我国长期处于贫困状态的几亿农民基本解决了温饱问题。[③]

家庭联产承包责任制充分尊重了农民生产的自主性、灵活性和分散性，与此同时，“交够国家的，留足集体的，剩下都是自己的”的分

① 武沁宇：《中国共产党扶贫理论与实践研究》，吉林大学2017年博士论文。

② 王鸿模、苏品端：《改革开放的征程》，河南人民出版社2001年版，第319页。

③ 雷长林、李富义：《中国农村发展史(1949—2008)》，浙江人民出版社2008年版，第250页。

配制度，打破了过去僵化的“平均主义”的分配格局，进一步激发了农民的生产积极性。以家庭联产承包责任制为核心的农村土地制度变革，实现了土地所有权和经营权的分离，适应了农村生产力解放和发展的新需求，解决了农民生产缺乏激励的问题，提高了农业生产率，增加了农民收入，在相当大的程度上缓解了农村贫困，同时也奠定了农村扶贫的制度基础。

二、乡镇企业发展

改革开放以来，以家庭联产承包责任制为核心的土地改革和以市场化为导向的农产品流通体制改革，增加了农民的家庭收入，为乡镇企业的进一步发展提供了资金支持，积累了物质基础。同时，家庭联产承包取代人民公社，革除了农业经营体制上的积弊，农业劳动生产效率成倍提高，农业的从业人口显著下降，农村出现新中国成立以来第一次劳动力过剩的现象，这为乡镇企业发展提供了劳动力支持。

乡镇企业的前身，是 20 世纪 50 年代中后期出现的具有“以工补农”性质的社队企业。1978 年以前，由于人民公社“一大二公”的体制限制和“一平二调”政策的干扰，以及“三就”（就地取材、就地加工、就地销售）方针的限制，不允许社队企业从事商品运输和流通等产业，严禁私人创办农村企业，中国的社队企业发展十分缓慢。1978 年，全国社队两级企业共有 152 万个，平均 1924 个农村人口才拥有一个社队企业；社队企业安置农村劳动力 2827 万人，占农村劳动力总量的 9.2％；社队企业的社会总产值 491 亿元，占全社会总产值的比重为 7.17％，占农村社会总产值的比重为 24.10％。1978 年底通过的《中共中央关于加快农业发展若干问题的决定（草案）》明确指出“社队工业要有一个大发展”，规定“凡是符合经济合理原则，宜于农村加工的农副产品,要逐步由社队企业加工。城市工厂要把一部分宜于在农村加工的产品或零部件,有计划地扩散给社队企业经营,支援设备,指导技术。对社队企业的产供销要采取各种形式,同各级国民经济计划相衔接,以保障供销渠道畅通无阻。国家对社队企业,分别不同的情况,实行低税或负税政策"。社队企业开始得到发展,给农村剩余劳动力的转移开辟了新的路径。但计划管理体制,对社队企业的约束仍然比较大,主要表现在只允许办集体企业,对社队企业生产的产品在流通、价格等方面做出很多限制,社队企业缺乏经营决策、招工用人和利润分配等方面的自主权,甚至一些地方随意关停社队企业。与1978年相比,1983年社队企业总数反而减少到134.64万个。

从1979年开始,国家调整了重化工业优先发展战略,实行轻工业"六优先"政策。1979年7月和1981年5月,国务院分别发布了关于发展社队企业的若干规定,阐述了发展社队企业的重大意义,并出台了一系列方针政策。从1982年到1984年,中共中央发出的3个一号文件,都对社队企业的发展问题做出了方针性规定。

"乡镇企业"这个名词,最早见于中国官方文件是1984年。1984年3月1日,中共中央、国务院转发农牧渔业部《关于开创社队企业新局面的报告》并发出通知,建议为了适应农村人民公社体制变革后政社分开、乡(镇)政府已成为农村基层政权组织的这一变化,将社队企业改称"乡镇企业"。通知强调,乡镇企业作为国营企业的重要补充,已经成为国民经济当中不可小觑的一股力量,[①]赋予乡镇企业以不同于社队企业的新的性质和内容。通知号召各级党委和政府对乡镇企业要在发展方向上给予积极引导,按照国家有关政策进行管理,

① 武沁宇:《中国共产党扶贫理论与实践研究》,吉林大学2017年博士论文。

使其健康发展。

在文件的推动下，乡镇企业以前所未有的速度发展起来，进入了一个新的发展时期。农村的经济体制改革此时正跨入市场化阶段，乡镇企业迅速发展所需的经济、社会条件和政策环境基本成熟，乡镇企业开始步入快车道，各种形式的乡办、村办、镇办和合作办企业迅速崛起，逐渐成为农村经济新的增长点和支柱产业，乡镇企业的发展由此进入高潮时期与辉煌时代。1984 年，全国乡镇企业达到606.52万个，在 1983 年的基础上整整翻了两番还多，其中户办、联户办企业占69.3%。乡镇企业总收入为 1537.08 亿元，比 1983 年增长65.5%。1985 年，乡镇企业发展势头不减，年末全国乡镇企业数量增加到1222.5万家，比上年翻了一番多，其中农民个体企业达1012.3万家。

乡镇企业发展为农民提供了更多机会，促进了农村剩余劳动力向非农产业的转移，也促进了农村经济的发展。同时，由于人口流动管理的放松，进城打工人员逐步增多，农民收入增加。体制改革释放了巨大的红利。从 1978 年到 1985 年，农村社会总产值由 2038 亿元猛增到 6340 亿元；粮食总产量增加 24%；农村人均纯收入由 134 元上升到 398 元；人均占有的粮食、肉类和油料分别增长 14%、88%、176%。农村经济的快速发展成为减缓农村贫困的主要动力。

农村人口管理的放松和乡镇企业的快速发展，极大地激活了农村经济的发展，提高了农民收入，贫困人口大幅度下降。

案例 2-2　华西村里看活力

华西村，被树立为农村走共同富裕道路的典型。华西村书记吴仁宝带领华西村民“七十年代造田、八十年代造厂、九十年代造城、新世纪腾飞”，实现了从农业样板村到农村工业化、农村城镇化再到农村现代化的一次次跨越，走出了一条农村资源整合、优势互补、合作双赢、共同富裕的发展新路。

图 2-2 吴仁宝老书记给村党支部班子成员传达会议精神

1961 年，华西建村，吴仁宝担任第一任村党支部书记。当时，华西的集体资产仅 2.5 万元，集体负债 1.5 万元，人均分配只有 53 元。

20 世纪 70 年代，江苏省江阴市华西村有两块“招牌”，一块摆在明面上——“农业学大寨”的先进典型；一块围在围墙里——一个“偷偷”开办、创造百万元利润的五金厂。这是另一棵大树的萌芽，动力也是让农民富起来。

根据村办企业的实际，华西人提出了一手“抓大放小”，一手“抓大扶小”，必要时还要“抓小放大”的改革思路。对毛纺厂、线材厂、型钢厂等关系华西经济命脉的大企业抓住不放，深化改革，提高效益；将一些效益较差的小企业转给个人经营；对有发展前途的小企业，在资金、人才、技术等方面加大扶持力度，增强它们的竞争力；对原来准备投资 10 亿元的造纸厂和炼钢厂，则果断地“放”，让客商加大投入，华西只用土地和配套的水、电、气入股，以减少风险。华西村的改革思路新，有特色，别开生面，既符合中央精神，也符合华西的实际，调动了各方面的积极性，使大中小各类企业都焕发出新的活力。中共十一届三中全会以后，华西村的经济发展进入快车道。到1987年华西村实现了“亿元村”的目标。[①]

三、“三西”扶贫

20世纪80年代，中国开展有组织、有计划、大规模的农村扶贫开发，先后制定实施了《国家八七扶贫攻坚计划（1994—2000年）》《中国农村扶贫开发纲要（2001—2010年）》《中国农村扶贫开发纲要（2011—2020年）》。从1980年开始，国家设立“支援经济不发达地区发展资金”，当年支出规模5亿元，重点支持老革命根据地、少数民族地区、边远地区、贫困地区的农业、乡镇企业、基础设施和文教卫生事业的发展。1982年，为了支持甘肃省定西地区、河西地区和宁夏西海固地区的发展，中央政府每年投入2亿元资金，专门进行“三西”扶贫开发建设。1984年，为了支持贫困地区的基础设施建设，中央开始实行实物形式的“以工代赈”扶贫活动。1984年，中共中央、国务院发布了《关于帮助贫困地区尽快改变面貌的通知》，专门划定18个贫困地带进行重点扶持。通知明确了新时期农村扶贫开发工作的原则、重点、措施和机构。通知强调农村扶贫开发的基本原则是“将国家扶持的资金重点用于因地制宜发展生产”，而不是“单纯用于救济”。“要突出重点，目前应集中力量解决十几个连片贫困地区的问题”，“不能采取‘撒胡椒面’的办法平均使用，更要严禁挪作他用”。通知规定的政策措施主要包括实行比一般地区更灵活、更开放的土

① 王朝彬：《共和国的村庄》，山东画报出版社2009年版，第144—175页。

地承包、经营政策,免征农业税、企业所得税等优惠政策。通知还要求有关各省(市)、自治区要成立贫困地区工作领导小组,负责检查督促各项措施的落实,国家各有关部门也要指定专人负责扶贫开发工作。

"三西"扶贫在我国扶贫开发历程中具有开创性、先导性、示范性意义。它开了实施区域性扶贫开发之先河,在变革单纯救济式扶贫为开发式扶贫、集中力量实施片区开发、易地搬迁扶贫、扶贫开发与生态建设相结合等方面进行了有益的探索,积累了丰富的经验,对扶贫开发产生了深远影响。

"三西"地区是甘肃河西走廊、定西市和宁夏西海固地区的简称,其中甘肃河西、定西包括 49 个县市区,1982 年共有农业人口 1232.9 万人,历史上"贫瘠甲天下"。河西走廊是甘肃省的重要商品粮基地;甘肃中部定西地区和宁夏西海固地区,干旱缺水,土地贫瘠,水土流失严重,生态环境恶劣,群众生活困难,是全国集中连片贫困地区之一,恶劣自然条件牢牢束缚着当地群众的脱贫脚步。

1982 年,中央实施"三西"(宁夏西海固、甘肃河西走廊、定西)扶贫攻坚工程,拉开了中国大规模扶贫开发的序幕。"三西"地区农业建设的指导思想和开发思路是:兴河西、河套产粮之利,济定西、西海固缺粮食之贫,使其逐步发展林、草,逐步改变生态环境的恶性循环为良性循环;对定西和西海固实行以工代赈,扶助生产建设;组织定西和西海固人口密度过大、生产生活条件极端困难地区的群众,采取自愿"拉吊庄"(先由青壮年劳动力到外地开荒种田,逐步安家)的办法,有计划地搬迁到当地新灌区和河西、河套,实行山川共济,统一规划,互相促进,共同发展。目标是三年停止生态破坏,五年基本解决温饱,两年巩固提高。

从 1983 年开始,中央财政每年拨出 2 亿元专项资金(简称"三西”资金），用于“三西”地区农业基础设施建设。“三西”建设坚持“有水走水路，无水走旱路，水旱不通另找出路”的方针，即有条件的地区通过兴建水利工程解决生产生活用水问题，干旱地区以梯田建设发展旱作农业，“水旱不通”地区则开展劳动力转移或移民搬迁。

截至2015年，累计投入“三西”建设资金60.82亿元，贫困人口从1982年的740万人减少到2014年底的254万人；贫困发生率从1982年的78%下降到21.5%；农民年人均纯收入从1982年的133元增加到5736元。“三西”农业建设区域性扶贫计划，开启了中国区域性扶贫开发的先河。

案例2-3　从“苦甲天下”到“小康之路”
——移民开启宁夏贫困群众幸福新生活[①]

“老家十年九旱，记得1982年全年几乎没降水，土地泛着白色，没一棵绿草，牲口80%都渴死了。”从同心县纪家乡耍艺山村搬出的马林说。

“80年代的泾源，冻、水、雹等灾害俱全，七八岁的孩子没裤子穿。”20世纪80年代从泾源县搬出的白生林说。

……

32年前，15岁的王照基忍着口渴，背上书包，踏着干裂的黄土到乡镇念书，发誓一定要考上大学，永远离开贫瘠干渴的家乡。

如今，身为企业家的他，却又离开大城市，于2015年回到家乡——定西市通渭县新庄村，办起“羊银行”当了“行长”。看到规模化养殖场里“存”着几百只良种羊，140多户

---

① 《从“苦甲天下”到“小康之路”——移民开启宁夏贫困群众幸福新生活》，资料来源：2012年6月25日人民网。

农家新建的标准化圈舍里养着从“羊银行”里“贷”来的小羊羔。无须任何成本，只要想“贷”，就能“贷”到，两年后只需向“羊银行”偿还羊羔两只。“银行”与农户双赢，140多户用户每年仅养羊一项，就能新增上万元的收入。

从锅里没粮、缸里没水、身上没衣、穷到“没治”到面貌巨变、冲刺小康，一连串数字的背后，是王照基这样的许多“三西人”难以忘怀的家乡记忆。

变化一

曾经的缺粮大县救济粮一吃吃半年，如今变身“全国粮食生产先进县”。

“三西”因旱而穷，30多年前，穷的表现莫过于“饿”。在“三西”扶贫启动的1982年，甘肃省仅以定西为代表的中部干旱地区，80%的人口缺粮半年以上，每年需从省外调运救济粮12亿斤。

“有水走水路，无水走旱路，水旱路都不通就另找出路。”30多年来，甘肃省历经探索，走出以“全膜双垄沟播”为代表的旱作农业之路，使干旱地区成为保障粮食安全的新增长点。王照基的家乡通渭县已连续4年荣获“全国粮食生产先进县”。据测定，这里的全膜双垄沟播玉米单产达561.6公斤，与甘肃省的水地单产相当。每市斤1元的玉米收购价格不仅鼓了农民的钱袋子，大量的玉米秸秆也催生了养羊产业的迅猛发展，甘肃“三西”地区仅肉羊的饲养量近3000万只，王照基的“羊银行”也就催生出来了。

变化二

曾经“一碗油不换一碗水”，如今定西变“临洮”。“一碗水，用三遍。又洗菜，又洗脸。当年的大旱你没见，牛在哭，羊在叫，麻雀没水飞不高。”定西市安定区内官镇77岁老人李炳章的一段快板书，记录了定西干旱缺水之苦。大旱之年，通渭县甚至想出过“花盆里种麦”的办法。而据甘肃省扶贫办统计，1982年至2014年底，全省修建人饮和小水利工程2.59万项，解决饮水农户135万户。2014年底，陇中旱塬百姓翘首企盼半个多世纪的圆梦工程引洮工程一期通水，154万余名城乡群众家不在洮河边，却喝上了洮河水，成了“临洮人”。

“儿时，沟里的苦咸水，苦到咽不下去。”王照基说，家乡首次解决吃水困难，是20世纪90年代集雨水窖大规模建设之后。而真正吃上干净、甘甜、安全的自来水，是今年把洮河水引上山。

变化三

曾经的万山阻隔，变成了与大市场的咫尺相连。“三西”之穷，不仅穷在条件严酷、十年九旱，更穷在万山阻隔、远离市场。32年来，陇中地区户均有1个人以上在外务工，劳务经济已经成了铁杆庄稼。如今，留在家里的人也不再埋头种地，而是抬头看市场，对准需求搞农业。

6年前，渭源县莲峰镇石门村陆家庄高位截瘫的残疾人王宏平，为了帮家人还债，尝试足不出户开网店，经销本地中药材。2014年，他的网店营业额已达20余万元。电商扶贫不仅解决农产品外销难，也是贫困地区提高开放度、融入大市场的一次重要机遇。甘肃省2015年启动电商扶贫计划，计划在3年内让七成以上的贫困乡能用电商销售土特产。

变化四

> 曾经的大水漫灌，变成如今的精准扶贫。
>
> 为了让甘肃“三西”地区加速脱贫、冲刺小康，全省又启动“1+17”精准扶贫，其中把集中连片特困地区县的政绩考核重点，放到减贫增收、生态治理、公共服务和加强落后村党建上，成效显著者提拔重用，扶贫不力者降职调岗。
>
> 与此同时，从 2015 年开始，甘肃省将至少投入财政资金 1563 亿元用于全省的扶贫攻坚，有望撬动金融资金、群众自筹和社会投资 4800 多亿元，通过扶贫对象、目标、内容、方式、考评、保障等“六个精准”，让贫困群众精准脱贫。[①]

“三西”扶贫在中国扶贫开发进程中具有重要的意义。一是形成了西北干旱地区特有的扶贫模式。包括政府财政补贴、民政救济、返销粮食、以工代赈、小额贷款、发放生产资料、发放生活用品、调整经济结构、实施双层经营、三荒地承包开发、放开粮食市场、建设基本农田、生态移民等。二是扶贫效果十分显著。甘肃省贫困人口由 1982 年的 1254 万人减少到 1992 年的 547 万人，农村贫困面由 74.8%下降到 28.9%。河西商品粮基地粗具规模，粮食总产达到 23 亿公斤。宁夏的西海固地区粮食产量 1992 年达到 4.5 亿公斤，比 1982 年增长 2.1 倍。农业总产值和农民年人均纯收入分别是 1982 年的 4.56 倍和 2.88 倍，人均占有粮食从 88 公斤增长到 231 公斤。在短短 10 年间，贫困人口下降了 60 个百分点。[②]

---

① 《甘肃三西扶贫 32 年:从穷“没治”到冲小康》,资料来源:2015 年 9 月 17 日新华网。

② 李含琳:《中国“三西”扶贫 30 年的辉煌历程》,《甘肃农业》2013 年第 3 期,第 3—5 页。

四、农村劳动力输出松绑

农村家庭联产承包责任制的推行，不仅解决了中国的粮食短缺问题，使得没有城市户口的农民在城市生活再也不需要吃“供应粮”，而且使农民获得了自由支配劳动力的权利。[①]

1978年以前，中国长期实行城乡分割的户籍和就业制度，农村劳动力向非农领域流动严重受限，基本处于停滞状态。

1984年1月1日，国务院颁布《关于1984年农村工作的通知》，允许农民自筹资金、自理口粮，进入城镇务工经商。这一政策的实施标志着中国实行了近30年的限制城乡人口流动的就业管理体制开始松动。1984年10月13日，国务院颁布《关于农民进入集镇落户问题的通知》，规定对进城务工、经商、办服务业的农民及家属，凡在集镇有固定住所，有经营能力，或在乡镇企事业单位长期务工的，均应为其办理入户手续，统计为非农业户口。1985年1月1日，中共中央、国务院发布的《关于进一步活跃农村经济的十项政策》也明确指出鼓励技术转移和人才流动。[②]

通过农产品价格的提升、农业产业结构向附加值更高的产业转化以及农村劳动力在非农领域就业三个渠道，将利益传递到贫困人口，使贫困农民得以脱贫致富，农村贫困现象大幅度缓解。农村生产力的发展也为农村富余劳动力向城市和其他产业的转移提供了前提和基础。放宽农村劳动力输出限制，允许农村劳动力自筹资金、自理口粮，进入城镇务工经商，扩大了农村贫困人口的就业途径和就业辐

---

① 胡枫：《中国农村劳动力转移的研究：一个文献综述》，《浙江社会科学》2007年第1期，第207—212页。

② 邓大松、孟颖颖：《中国农村剩余劳动力转移的历史变迁：政策回顾和阶段评述》，《贵州社会科学》2008年第7期，第4—12页。

射范围。[①]

案例2-4　宣城改革开放四十年外出务工变迁记:从往外走到归去来[②]

从20世纪80年代开始,宣城市外出务工人员开始“往外走”,开始了外出打工潮。宣州区洪林镇的张国强,是该市最早走出农田外出务工的那批人之一。20世纪80年代初期,张国强和村里的伙伴们一起,进入了建筑队。“那时候就是盖大楼,搬砖提灰,虽然住的是工棚,吃的是大锅饭,但是一天收入有8毛钱,这可是我们在家里想都不敢想的高薪。”

就在张国强在外搬砖提灰的时候,宣州区古泉镇的章兴瑞,只有初中学历的他,在朋友的介绍下,带着行李来到了江苏镇江。

“当时说是去一个村办企业种蘑菇,结果过去待了半年都没拿到工资,就回家继续开荒种田了。”原本想着学会了种蘑菇回家创业的章兴瑞,并没有因此一蹶不振,几年之后,他的姐姐和姐夫到无锡的街头摆摊销售小商品,他也跟着过去打工。

“在无锡的时候,我们拖着木板车到老城的街道边卖针头线脑,干了两年,到1992年,攒了2万块钱,至今我都忘不了第一次拿到那么多钱的兴奋劲儿。”章兴瑞说。

① 向德平、华汛子:《改革开放四十年中国贫困治理的历程、经验与前瞻》,《新疆师范大学学报(哲学社会科学版)》2019年第2期,第59—69页。

② 《宣城改革开放四十年外出务工变迁记:从往外走到归去来》,资料来源:2018年5月18日人民网。

改革开放初期，该市的工业基础相对薄弱，虽然较早地实行了家庭联产承包责任制，解决了粮食的问题，让该市的农民不再为温饱发愁。但是每年种田的收入，让他们离富裕的生活仍有一定距离。无论是20世纪80年代每天拿着8毛钱“高薪”的张国强，还是90年代初捧着2万元无比激动的章兴瑞，都是那个时代该市第一批外出务工人员的缩影。

1986年中央一号文件规定，允许农民自理口粮进城务工经商。在市场经济体制的推动下，城市建设和乡镇企业得到快速发展，中国的东部沿海地区一批乡镇企业应时而起，该市农村一部分年富力强的年轻人纷纷背起行囊走出农村，到沿海发达地区进入乡镇企业打工。在那个时代，外出打工可以说是当时该市农村富余劳动力实现就业、增收的唯一途径。

本章小结

从1978年到1985年，贫困人口从2.5亿人减少到1.25亿人，占农村人口的比例下降到14.8%；贫困人口平均每年减少1786万人。[①]农民人均纯收入在这段时期内增长了2.6倍。[②] 从家庭联产承包责任制到乡镇企业发展、“三西”扶贫实践及农村劳动力输出的松绑，体制改革推动经济发展的益贫性不断凸显，改革开放释放了脱贫发展潜力，体制改革所推动的反贫困实践，为其后的大规模开发式扶贫奠定了基础，也为探索中国特色的扶贫开发道路迈出了关键的一步。

---

① 国务院新闻办公室:《中国的农村扶贫开发》,资料来源:2001年10月15日国务院新闻办公室网站。

② 邢成举:《中国40年减贫之路》,《第一财经日报》2018年5月29日。

第三章
大规模开发式扶贫阶段
(1986—1993年)

中国政府自1986年起,对传统的救济式扶贫进行了彻底改革,施行大规模开发式扶贫,农村扶贫开发逐步走向规范化、机构化、制度化。1986—1993年期间,中国采取了一系列重大举措:一是把扶贫开发纳入国家发展总体规划,明确提出把解决大多数贫困地区贫困人口的温饱问题作为扶贫工作的长期目标;二是中央政府成立专门扶贫机构,即国务院贫困地区经济开发领导小组及其办公室;三是设立“县”瞄准机制,制定了国家重点扶持贫困县的标准,确定了一批国家级和省级重点扶持贫困县。这一时期的扶贫工作呈现出两大特点:一是以区域发展带动扶贫开发,实施项目带动战略促进县域经济的发展;二是施行开发式扶贫,强调扶贫开发要注重开发贫困人口的人力资源,帮助贫困人口形成自我发展的条件。自此,中国政府在全国范围内开展了有计划、有组织和大规模的开发式扶贫,中国的扶贫工作进入了一个新的历史时期。

一、成立扶贫开发领导小组

20 世纪 80 年代中期，农村地区特别是“老、少、边、穷”地区的经济、社会和文化发展水平开始逐渐落后于沿海发达地区，这些地区的发展成为“需要特殊对待的政策问题”，鉴于此，1986 年，国务院成立贫困地区经济开发领导小组，安排专项扶贫资金，制定有利于贫困地区和贫困人口的优惠政策，推进农村扶贫工作。与此同时，大部分贫困省、市、县也相应成立扶贫领导小组，全力推进农村扶贫。自此，中国政府设立专门的扶贫机构和制度，开始了有计划、有组织、大规模的开发式扶贫工作。

（一）扶贫开发领导小组成立的过程

1986 年 4 月，第六届全国人民代表大会第四次会议决定，将“扶持老、少、边、穷地区尽快摆脱经济文化落后状况”列入国民经济第七个五年计划。1986 年 5 月 14 日，国务院贫困地区经济开发领导小组第一次全体会议在国务院副总理田纪云主持下召开。根据会议纪要，当时全国农村人均年纯收入在 200 元以下的约有 1.02 亿人，占农村总人口的 12.2%，“部分农民的温饱问题尚未完全解决”。1986 年 7 月召开的第二次领导小组全体会议宣布了国务院的决定：在原来用于扶持贫困地区资金数量不变的基础上，新增加十亿元专项贴息贷款。1986 年 5 月 16 日，国务院办公厅下发了《关于成立国务院贫困地区经济开发领导小组的通知》（国办发〔1986〕39 号），决定成立国务院贫困地区经济开发领导小组，负责制定贫困地区发展的方针、政策和规划，协调解决有关贫困地区发展的重大问题，并领导、组织、监督和检查全国贫困地区的经济开发工作。小组下设办公室，为具体办事机构,负责办理日常事务。贫困面较大的各省、自治区和地、县相继成立类似机构,配备了专职人员。

1988年7月18日,《国务院办公厅关于调整国务院贫困地区经济开发领导小组的通知》(国办发〔1988〕30号)发布,决定将国务院贫困地区经济开发领导小组与"三西"地区农业建设领导小组合并为国务院贫困地区经济开发领导小组。国务院贫困地区经济开发领导小组办公室(简称"开发办")设在中华人民共和国农业部,同时保留"三西"地区办公室,与开发办合署办公。

1993年9月17日,《国务院办公厅关于调整国务院贫困地区经济开发领导小组名称和成员的通知》(国办发〔1993〕62号)发布,将国务院贫困地区经济开发领导小组更名为国务院扶贫开发领导小组。

(二)扶贫开发领导小组的职能

1986年,国务院成立了国务院贫困地区经济开发领导小组,领导小组的主要职责是制定扶贫政策和计划,分配扶贫资金,协调与扶贫有关的各部门的关系。国务院贫困地区经济开发领导小组下设办公室,是扶贫领导小组的常设办事机构,具体负责与扶贫有关的日常工作。主要职能包括:第一,对中国农村的贫困状况、政府扶贫政策的效果进行调研,为扶贫领导小组提出调整扶贫政策的建议;第二,为扶贫领导小组提出信贷扶贫资金的分配计划和方案;第三,收集反映扶贫项目执行效果的资料(如各个省和贫困县扶贫资金的分配、投向和回收情况等)。[①]

国务院贫困地区经济开发领导小组的成立,标志着中国反贫困

① 张巍:《中国农村反贫困制度变迁研究》,中国政法大学出版社2008年版,第91页。

的组织系统正式确立。1986 年 5 月 14 日，国务院贫困地区经济开发领导小组第一次全体会议提出，争取在“七五”期间解决大多数贫困地区人民的温饱问题，并提出贫困地区实行新的经济开发方式的 10 点意见，明确提出要从调整产业结构、提高教育水平、健全基础设施、改善卫生条件等多个角度推进减贫。自此，开发式扶贫成为我国扶贫的基本经验之一。

1993 年，国务院贫困地区经济开发领导小组更名为国务院扶贫开发领导小组。领导小组的基本任务是：组织调查研究；拟订贫困地区经济开发的方针、政策和规划；协调解决开发建设中的重要问题；督促、检查和总结交流经验。领导小组下设办公室，即国务院扶贫开发领导小组办公室（简称“扶贫办”），负责办理日常工作，除前一阶段原有工作之外，还增加了以下职能：第一，协调社会各界的扶贫工作，协调组织中央国家机关定点扶贫工作和东部发达地区支持西部贫困地区的扶贫协作工作；第二，拟定农村贫困人口和国家扶贫开发工作重点县的扶持标准，研究提出确定和撤销重点县的意见，对扶贫开发情况进行统计和动态监测，指导扶贫系统的统计监测工作；第三，指导跨省区重点扶贫项目，负责有关扶贫的国际交流与合作，承担全国贫困地区干部扶贫开发培训工作等。①

国务院扶贫开发领导小组的成立，标志着以政府为主导的扶贫体系的建立，实现了中国扶贫开发工作的两个转变。一是由道义性扶贫向制度性扶贫转变。这意味着，扶持贫困人口是政府的一项重要职责，政府的扶贫工作具有制度保证，有专门的组织机构和专门的经费，而且有一套相应的法律和政策来指导和约束这些机构的活动和经费的使用。对于政府来说，扶贫不仅仅是出于道义的自愿选择，

① 张巍：《中国农村反贫困制度变迁研究》，中国政法大学出版社 2008 年版，第 93 页。

还是一项不可推卸的责任。二是由救济式扶贫向开发式扶贫转变。这意味着,扶持贫困人口脱贫工作从一般的社会救济工作中分离出来,成为一项独立的社会工程。开发式扶贫的方针是鼓励贫困地区广大干部群众发扬自力更生、艰苦奋斗的精神,在国家的扶持下,以市场需求为导向,开发利用当地资源,发展商品生产,解决温饱进而脱贫致富。开发式扶贫的中心是帮助贫困人口形成自我发展的条件和基础。

二、"县"瞄准机制的扶贫实践

为了促进贫困地区的平衡发展、提高贫困治理的效率,中国扶贫基本瞄准单位从区域缩小到县,尚未解决温饱问题的绝对贫困群体成为国家贫困治理的主要目标,为此,政府实行有组织的大规模县级瞄准扶贫计划,其中,贫困标准的划分和贫困县的确立是"县"瞄准机制的主要内容。

表 3-1　18 个集中连片贫困地区在东、中、西部地区的分布①

经济地带	连片贫困地区数/个	贫困地区名称	涉及的省、自治区	涉及贫困县数/个
东部	2	沂蒙山区	鲁	9
		闽西南、闽东北地区	闽、浙、粤	23
中部	7	努鲁儿虎山区	辽、内蒙古、冀	18
		太行山区	晋、冀	23
		吕梁山区	晋	21
		秦岭大巴山区	川、陕、鄂、黔	68
		武陵山区	渝、湘、鄂、豫	40
		大别山区	鄂、豫、皖	2
		井冈山和赣南地区	赣、湘	34

① 雷明、潘昊天、姚昕言:《中国贫困治理实践(1978—2019)——基于瞄准机制演变的分析》,《南宁师范大学学报(哲学社会科学版)》2019 年第 6 期,第 76—94 页。

（续表）

经济地带	连片贫困地区数/个	贫困地区名称	涉及的省、自治区	涉及贫困县数/个
西部	9	定西干旱地区	甘	27
		西海固地区	宁	8
		陕北地区	陕、甘	27
		西藏地区	藏	
		滇东南地区	滇	19
		横断山区	滇	13
		九万大山地区	桂、黔	17
		乌蒙山区	川、滇、黔	32
		桂西北地区	桂	29

1986 年，中国政府第一次确定了贫困标准，划定了贫困县和贫困人口。当年 5 月，国务院贫困地区经济开发领导小组以全国6.7 万户农村家庭支出调查数据为依据，将 206 元确定为扶贫标准，并以此标准为基础将“1985 年农民年人均纯收入低于 150 元的特困县；1985 年农民年人均纯收入 200 元以下的少数民族自治县；1985 年农民年人均纯收入 200—300 元之间的在国内外具有重大影响的老革命根据地县；1984—1986 年农（牧）民平均年人均纯收入低于 300 元的牧区县（旗）和低于 200 元的半牧区县（旗）”[①]纳入重点扶持范围。1986 年，国家划定 18 个集中连片贫困地区，将贫困县作为贫困治理计划的基本瞄准单位，分中央政府和省（自治区）两级重点扶持（见表 3-1）。各省（自治区）按照自身标准进行省（自治区）定贫困县划定，到 1990 年，全国共有 669 个国家和省（自治区）重点扶持贫困县。以县为单位的瞄准机制能够集中使用扶贫资金、有效扶持贫困人口，取得了良好扶贫效果。

县级瞄准机制作为开发式扶贫的重要方针，起到了良好的脱贫

① 韩广富、李万荣：《当代中国农村扶贫开发瞄准目标的调整》，《社会科学战线》2012 年第 10 期，第 185—190 页。

效应。凤凰县从山区贫困县成为当时湖南省首批过亿元的五个县级行政区之一,就是县级瞄准机制扶贫的一个例证。

案例3-1　凤凰县:少数民族山区贫困县经济发展初探

凤凰县地处湘西南部,与贵州接壤,面积1758平方公里,人口32.5万,以苗族为主,是一个山多耕地少、人多收入少、劳力多素质低的山区贫困县。1990年全县工农业总产值为2.97亿元,在1980年的基础上翻了两番,农民人均纯收入增长6.7倍。大部分农民温饱问题得到解决,财政收入为1.0064亿元,成为湖南省首批财政收入过亿元的五个县级行政区之一。凤凰县立足本地资源优势,初步形成了"以工聚财,以财扶农,以农促工",工农业协调发展的新格局。

工业必须与农业相结合,立足农业资源优势,走农业工业化的道路,使县级工业的发展稳固地建立在农业基础上。理论和实践都证明,要实现富县富民,仅靠单纯发展农业是办不到的。通过对全县农业资源调查和反复研究,凤凰县认定,凤凰的落后实际上就是工业的落后。因此,必须大力发展与农业紧密结合的加工工业,走农业工业化道路,即农业生产什么,工业就加工什么,使农业和工业融为一盘棋。一是烟草系列产业。"凤凰晒红烟"是全国十大名晒烟之一,曾一度出口东南亚各国,自明朝万历年间就开始栽植,在凤凰县已有400多年的历史,农民也有丰富的种植经验,改革开放以来更是广泛栽培。20世纪80年代初,凤凰县利用这一优势,由财政拿出13万元,在一个屠宰场里办起了凤凰雪茄烟厂,随后大开山门,广泛开展横向经济联系,先后从南京、上海、郑州、长沙等地,引进资金、人才、技术。随着这些企业规模的扩大,烟叶种植业得到了迅速发展。目前全县建立了面积10万亩、产量20万担的烟叶生产基地,既增加了农民致富的门路,也为卷烟产业的继续发展提供了物质基础。二是肉食水产系列产业。根据凤凰县农村历来有饲养母猪繁殖仔猪和养牛的习惯,特别是"湘西黄牛"闻名全国的优势,凤凰县兴建了肉食水产加工线以及饲料加工企业,生产出享誉海内外的"狮头乳猪""分割牛肉""楚西神羊肉"等名牌产品,远销东欧、香港等地,到1990年已形成近1000万元的产值,创外汇350多万元。肉食水产业的发展,使广大农村猪、牛、羊的饲养量和出栏数逐年增加。三是以柑橘为主的水果系列产业。全县柑橘种植面积达6000多亩,桃李2万亩,并建立了年产1000吨的食品罐头厂,生产以水果为主要原料的食品罐头及饮料,使水果生产、加工、销售、科研融为一体,商品优势开始显现,其中罐头已成为出口的定点产品,每年创汇达40多万元,广大农户由此也获得较大收益,全县已有500多家水果专业户。与此同时,积极发展立足千家万户、服务于农业的乡镇企业。

必须加大再生产投入,充分发挥科技生产力作用,增强发展后劲。随着县财政的好转,凤凰县加大了扩大再生产的投入。一方面,增加农业和工业的投入。从1984年到1990年,全县用于农业、工业和改善生产条件的资金占同期地方财政投入的70%以上,其中每年用于发展农业生产的资金平均在1000万元以上,1990年上升到1900万元。另一方面,特别注重科技教育投入。从1984年到1992年,全县用于发展科技教育事业的资金达5000多万元。全县还集中抓职业教育,建立了农业技术学校,走农科教相结合的路子。全县5.6万户农民中,已有5.2万户8万多人接受了短期培训,每户有1人掌握了1～2门农业实用技术,培养出了一大批适合本地经济发展路子的专业技术人才,以三级农技队伍和五级科技示范点为桥梁的科技服务体系已经初步建立起来。此外,广泛开展科技兴农兴工活动。一方面,推广实用技术,进行旱田改制。1989年以前,每年吃国家返销粮3～5万公斤,人均50～80公斤。通过改制,1989年,全村粮食总产量比一般年景产量净增1倍,人均粮食占有量增长1.5倍,一年内就解决了温饱问题。另一方面,科技兴工,加强技术改造,研制适销产品。近几年凤凰县在每年投入1800多万元逐步对面上企业进行挖潜改造的基础上,重点对烟厂、肉类联合加工厂进行技术改造,使之成为带动本地发展的龙头企业。①

三、推进开发式扶贫

(一)大规模开发式扶贫政策概述

1986年1月,《中共中央、国务院关于一九八六年农村工作的部署》指出:在允许一部分人先富起来的同时要注意发展合作制度,注重税收调节,做好扶贫工作,走向共同富裕。1986年4月,第六届全国人民代表大会第四次会议通过的《中华人民共和国国民经济和社会发展第七个五年计划》,将“老、少、边、穷地区的经济发展”单列一

① 《少数民族山区贫困县经济发展初探》,《农业经济问题》1992年第4期,第46—48页。

章,这也是“国家五年计划”中第一次将视线聚焦于扶贫问题。“七五”计划将解决贫困地区贫困群众的温饱问题作为这一阶段的扶贫战略目标。1986 年 5 月,国务院办公厅下发了《关于成立国务院贫困地区经济开发领导小组的通知》,成立了国务院贫困地区经济开发领导小组。同年 6 月,领导小组召开了第二次全体会议,进一步明确了解决贫困群众温饱问题的目标。1987 年,国务院发布《关于加强贫困地区经济开发工作的通知》,正式确定了以促进区域经济增长为主要目标的扶贫开发战略。1990 年,国务院批转国务院贫困地区经济开发领导小组《关于九十年代进一步加强扶贫开发工作的请示》,在充分肯定开发式扶贫的基础上,指出贫困地区要“充分利用丰富的劳动力资源和自然资源,进行开发式的生产建设,为改变本地区的贫穷落后面貌努力奋斗”。

“七五”时期中国确立了开发式扶贫的基本方针,基本解决了大多数贫困人口的温饱问题。“八五”时期的政策目标主要是稳定解决贫困人口的温饱问题,发展多种经营,使贫困农户有更加稳定的收入来源。1991 年 4 月 9 日,第七届全国人民代表大会第四次会议通过《中华人民共和国国民经济和社会发展十年规划和第八个五年计划纲要》,指出:“要坚持以经济开发为主的扶贫方针,继续贯彻帮助贫困地区尽快改变面貌的政策措施,增强这些地区经济自立致富的能力和经济内在活力。经过五年努力,基本上解决现在尚属贫困地区群众的温饱问题。”

专栏 3-1 《中华人民共和国国民经济和社会发展十年规划和第八个五年计划纲要》关于扶贫的内容

要坚持以经济开发为主的扶贫方针,继续贯彻帮助贫困地区尽快改变面貌的政策措施,增强这些地区经济自立致富的能力和经济内在活力。经过五年努力,基本上解决现在尚属贫困地区群众的温饱问题。

加强农业建设,改善农、林、牧业的生产条件。积极推广增产效果显著的适用技术,在有条件的地区逐步达到粮食基本自给。利用山地优势,发展林果业。

从当地实际情况出发,因地制宜地选好扶贫开发项目,组织好产前、产中、产后服务,特别是科技和销售服务,带动资源开发和经济发展。

加强贫困地区水、电、路、通信等基础设施建设,使生产和生活环境得到改善,增强经济发展后劲。

国家对贫困地区继续发放"支援不发达地区发展资金"和低息贴息贷款;继续做好以工代赈工作,贫困地区要合理利用扶贫资金和物资,以发挥较好效益。

经济比较发达的地区,要加强对贫困地区的对口支援,采取签订合同、联合开发项目、合办企业等形式带动贫困地区经济的发展,并从财力、物力和人力等方面给予必要的援助。

(二)大规模开发式扶贫的成效

大规模开发式扶贫主要有三点成效。第一,确定了以政府为主导的扶贫模式。1986年5月,国务院成立了贫困地区经济开发领导小组,标志着我国有了专门的扶贫开发领导机构、专门的经费和专项的政策保障,自此扶贫成为政府责无旁贷的义务。第二,确定了开发式的扶贫方针。扶贫工作从一般的社会救助事业中脱离出来,成为相对独立、有组织、有规划的社会工程。不同于救济性扶贫方式,开发式扶贫是在外部支持与自力更生相结合的原则下,依靠贫困地区的资源和贫困人口自身的能力脱贫致富。第三,确立了县级扶贫瞄准单元。1986 年,国务院贫困地区经济开发领导小组确定了贫困县的划定标准,据此标准确定了国定贫困县,各省区又根据本地的实际情况确定了省级贫困县。

经过 8 年的不懈努力,国家重点扶持贫困县农民人均纯收入从 1986 年的 206 元增加到 1993 年的 483.7 元;农村贫困人口由 1.25 亿减少到 8000 万,平均每年减少 640 万;贫困人口占农村总人口的比重从 14.8%下降到 8.7%。[①] 大规模开发式扶贫以来,中国不断夯实农业这个国民经济的基础,保证粮食产量的稳定增长,有步骤地改善农村产业结构,促进种植业、林业、畜牧业、水产业和乡镇企业的全面发展。同时,“七五”计划、“八五”计划加大了对老革命根据地、少数民族地区、边境地区和贫穷地区经济文化发展的扶持,增加了资金、物资和技术的支援。总体来说,中国在 20 世纪 80 年代改革开放和现代化建设中取得的扶贫成就,为 90 年代的经济和社会发展奠定了比较坚实的基础。

案例 3-2　闽东宁德的减贫实践

1988 年 6 月,34 岁的习近平赴任宁德地委书记,成为当时宁德地委班子中最年轻的一人。当时的闽东,交通闭塞,信息短缺,小农经济一统天下,商品经济的发展步履艰难。由于贫困,一些群众安于“穷自在”;由于闭塞,一些干部习惯“等靠要”。当时的宁德,全区 9 个县有 6 个是国定贫困县,被确定为全国十八个集中连片贫困区之一,也是中国沿海唯一的贫困地区。当时宁德基础设施极其薄弱,没

① 《中国发表〈中国的农村扶贫开发〉白皮书》,资料来源:2001 年 10 月 15 日中国新闻网。

电、没路、没钱。外商过来投资,一问电话、二问路、三问项目、四问住。干部群众思想陈旧,等靠要的多,怨天尤人的也不少。“这么年轻的干部到这样艰苦的地方来工作,大家普遍热情欢迎,既期盼他能带来新思想、新发展,又担心他太年轻、扛不住。”当时一些宁德干部这样想。时间很快改变了一些人的看法。“后来,我与同志们谈心,形容习书记好比一棵大树,一植根闽东,就成为我们的主心骨,为我们遮风挡雨,还不断输送氧气,让生命增添活力和生机。”福建省政协原副主席、时任宁德地区行署专员陈增光说。[①]

以开放思维推动扶贫。辗转闽东九县调查研究后,习近平在《弱鸟如何先飞——闽东九县调查随感》中写道,“弱鸟可望先飞,至贫可能先富”,强调贫困的闽东要有“先飞”的意识。但首先要看我们头脑里有无这种意识。他强调当务之急,就是党员、干部和群众都要来一个思想解放、观念更新,这样,才可跳出老框框看问题,也可以振奋精神。当时,闽东四个沿海县中宁德、霞浦已列入开放县份。习近平认为,开放和扶贫彼此融合、互相促进,提倡用开放意识来推动扶贫工作,在扶贫工作上运用开放政策;扶贫的结果将是开放的新起点,开放将使扶贫工作迈向新台阶。[②]

宁德人民想念这位“当家人”。1990年4月,习近平在宁德任职近两年后,即将离开宁德到福州工作。在给干部的临别赠言中,习近平动情地说:“我在闽东工作的近两年里,尽管也看到了落后的一面,看到了存在的困难和问题,

① 兰锋、郑昭等:《山海情怀　赤子初心——习近平总书记在福建的探索与实践·党建篇》,《福建日报》2017年7月13日。

② 戴艳梅、储白珊等:《开放发展　风起帆张——习近平总书记在福建的探索与实践·开放篇》,《福建日报》2017年7月20日。

感到自己肩上的重担，同时我也看到了‘不耻落后，意气奋发，放胆开拓，争先创优’的闽东风格。正是这种精神，深深地感染了我，给我带来了无穷的力量和勇气，给我留下了美好的回忆。”1988 年 6 月到 1990 年 4 月，是习近平任宁德地委书记的两年。虽然时间不长，但习近平带着对人民群众的满腔热情，足迹几乎遍布闽东大地。《摆脱贫困》一书记录下了这份深情。念念不忘，必有回响，宁德人民始终没有忘记这位“当家人”。“滴水穿石”“弱鸟先飞”“四下基层”……习近平当年在宁德提出的这些精神、理念、作风，至今还在深刻影响着闽东。[①]

本章小结

在 20 世纪 80 年代中期，农村地区贫困人口的温饱问题尚未解决，区域经济、社会和文化发展不平衡问题日益突出。1986 年以来，7 年的扶贫成效为后续扶贫开发奠定了坚实的基础。1986 年，国务院成立贫困地区经济开发领导小组，实施以县为单位的扶贫瞄准机制，安排专项扶贫资金，制定有利于贫困地区和贫困人口的优惠政策，针对贫困地区进行大规模的开发式扶贫。

① 《因为习近平的这本书，一座小城被全球关注》，资料来源：2019 年 7 月 7 日宁德网。

第四章
“八七”扶贫攻坚阶段
(1994—2000 年)

为了进一步解决农村贫困问题，缩小东西部地区差距，实现共同富裕的目标，1994 年 4 月 15 日，国务院印发了《国家八七扶贫攻坚计划(1994—2000 年)》(本章简称《计划》)，《计划》决定：从 1994 年到 2000 年，集中人力、物力、财力，动员社会各界力量，力争用七年左右的时间，基本解决目前全国农村八千万贫困人口的温饱问题。《计划》从形势与任务、奋斗目标、方针与途径、资金的管理使用、政策保障、部门任务、社会动员、国际合作、组织与领导九个方面对接下来的扶贫工作作出了明确的规定与布局。《计划》强调，要继续坚持开发式扶贫的方针，鼓励贫困地区广大干部、群众发扬自力更生、艰苦奋斗的精神，在国家的扶持下，以市场需求为导向，依靠科技进步，开发利用当地资源，发展商品生产，解决温饱进而脱贫致富。

从具体的措施来看，《计划》的内容主要包括以下几点：(1)新划定 592 个国家贫困县，将扶贫资源集中用于这些贫困县。(2)提出东西对口扶贫，要求沿海发达省、市和西部贫困县结成对口帮扶关系。(3)强化部门定点扶贫，要求党政机关与贫困县定点挂钩，不脱贫不脱钩。(4)调整财政资金分配，重点用于西部省(区)，对西部新办企业给予税收等政策优惠。(5)加强社会动员,扩大和民间机构、国际组织的合作。在此期间,中共中央、国务院还颁布了《关于尽快解决农村贫困人口温饱问题的决定》《关于进一步加强扶贫开发工作的决定》等一系列文件,为本阶段扶贫目标的有效达成提供了有力保障。

一、划定国家级贫困县

(一)国家级贫困县的分布

"八七"扶贫攻坚阶段,为了更加准确定位贫困区域,扩大扶贫工作的覆盖范围,加强扶贫工作的政策指向性和任务精准性,中央在原有贫困县的基础上将国家级贫困县的数量增加至 592 个。其中,云南省 73 个,陕西省 50 个,贵州省 48 个,四川省 43 个,甘肃省 41 个,河北省 39 个,山西省 35 个,内蒙古自治区 31 个,河南省和广西壮族自治区各 28 个,湖北省和新疆维吾尔自治区各 25 个,江西省 18 个,安徽省 17 个,青海省 14 个,黑龙江省 11 个,湖南省和山东省各 10 个,辽宁省 9 个,福建省和宁夏回族自治区各 8 个,西藏自治区、吉林省和海南省各 5 个,浙江省和广东省各 3 个。[①]

表 4-1 "八七"扶贫攻坚阶段划定的 592 个贫困县名单

省、区	贫困县数/个	县(市、旗、区)名
河北	39	青龙、魏县、献县、广宗、武强、涉县、涞源、蔚县、崇礼、万全、康保、尚义、张北、沽源、赞皇、临城、巨鹿、广平、灵寿、完县、平山、阜平、丰宁、围场、平泉、隆化、滦平、宽城、赤城、怀安、阳原、东光、南皮、孟村、易县、大名、海兴、盐山、武邑、(涿鹿县赵家蓬区)

① 《我国 592 个贫困县的分布》,《理论学习与研究》1995 年第 3 期,第 47 页。

(续表)

省、区	贫困县数/个	县(市、旗、区)名
山西	35	右玉、岢岚、静乐、河曲、五寨、保德、岚县、榆社、柳林、方山、广灵、天镇、平陆、偏关、娄烦、中阳、沁源、五台、石楼、神池、临县、沁县、平顺、兴县、武乡、大宁、永和、灵丘、万荣、阳高、夏县、闻喜、离石、垣曲、繁峙
内蒙古	31	托克托、清水河、准格尔、奈曼、敖汉、乌审、武川、化德、商都、达茂、固阳、宁城、察右中、多伦、林两、伊金霍洛、杭锦、鄂托克前、巴林左、巴林右、克什克腾、察右前、和林、太仆寺、扎赉特、喀喇沁、库伦、察右后、四子王、科右中、翁牛特
辽宁	9	朝阳、建昌、建平、新宾、义县、喀左、康平、岫岩、桓仁
吉林	5	汪清、镇赉、大安、通榆、靖宇
黑龙江	11	明水、林甸、青冈、延寿、泰来、甘南、克东、抚远、同江、杜尔伯持、桦南
浙江	3	文成、泰顺、景宁
安徽	17	金寨、霍山、岳西、颖上、潜山、太湖、寿县、临泉、阜南、宿松、枞阳、舒城、利辛、无为、长丰、霍邱、六安
福建	8	寿宁、屏南、柘荣、长汀、周宁、武平、连城、上杭
江西	18	兴国、寻乌、会昌、于都、广昌、余干、宁冈、横峰、遂川、修水、宁都、上犹、赣县、上饶、波阳、永新、莲花、安远
山东	10	沂南、平邑、沂水、蒙阴、费县、泗水、沾化、庆云、冠县、莘县
河南	28	平舆、台前、新蔡、新县、商城、信阳、南召、确山、宜阳、洛宁、固始、卢氏、栾川、罗山、淮滨、宁陵、鲁山、睢县、虞城、伊川、上蔡、嵩县、淅川、光山、桐柏、汝阳、新安、渑池
湖北	25	英山、红安、竹山、麻城、罗田、大悟、郧县、郧西、竹溪、来凤、恩施、阳新、秭归、蕲春、孝昌、长阳、建始、鹤峰、利川、咸丰、宣恩、巴东、房县、神农架林区、丹江口市
湖南	10	永顺、保靖、平江、桑植、新化、沅陵、花垣、安化、隆回、新田
广东	3	陆河、乳源、阳山

（续表）

省、区	贫困县数/个	县(市、旗、区)名
广西	28	乐业、德保、那坡、凌云、巴马、龙州、平果、大化、马山、田林、忻城、隆安、田东、融水、南丹、三江、金秀、环江、东兰、西林、天等、都安、隆林、天峨、龙胜、罗城、靖西、凤山
海南	5	通什、陵水、保亭、琼中、屯昌
四川	43	酉阳、石柱、黔江、彭水、仪陇、阆中、渠县、雷波、普格、木里、喜德、古蔺、忠县、盐源、叙永、巫溪、黑水、苍溪、南部、广安、城口、旺苍、通江、南江、秀山、云阳、兴文、得荣、壤塘、武隆、巴塘、乡城、越西、宣汉、白玉、布拖、金阳、昭觉、美姑、朝天区、天城区、五桥区、嘉陵区
贵州	48	从江、纳雍、沿河、织金、六枝、大方、务川、赫章、盘县、雷山、台江、丹寨、荔波、独山、息烽、天柱、习水、正安、普安、水城、兴仁、威宁、黄平、关岭、三都、印江、普定、德江、册亨、晴隆、贞丰、麻江、榕江、石阡、三穗、岑巩、罗甸、紫云、剑河、望谟、松桃、长顺、镇宁、施秉、平塘、凤冈、安龙、黎平
云南	73	镇雄、彝良、巧家、禄劝、红河、西盟、墨江、鲁甸、永善、会泽、寻甸、龙陵、云龙、剑川、镇沅、孟连、中甸、泸水、绿春、元阳、福贡、西畴、富宁、武定、贡山、双柏、云县、镇康、马关、永仁、盐津、金平、富源、滕冲、泸西、临沧、德钦、维西、宁蒗、江城、屏边、漾濞、南涧、大关、丘北、绥江、南华、砚山、大姚、弥渡、昭通、施甸、东川市辖区、广南、澜沧、双江、沧源、麻栗坡、巍山、祥云、永平、牟定、永德、凤庆、姚安、石屏、威信、景东、宾川、洱源、文山、昌宁、兰坪
西藏	5	察雅、嘉黎、索县、南木林、定日
陕西	50	清涧、府谷、紫阳、吴堡、丹凤、镇安、蓝田、宁强、西乡、绥德、镇坪、延川、洛南、宜君、长武、合阳、略阳、延安、延长、神木、安塞、子长、白河、岚皋、耀县、浦城、旬邑、永寿、安康、铜川市郊区、宁陕、山阳、镇巴、榆林、商南、麟游、佳县、定边、汉阴、柞水、淳化、米脂、彬县、志丹、横山、商州、子洲、吴旗、靖边、宜川

(续表)

省、区	贫困县数/个	县(市、旗、区)名
甘肃	41	宕昌、武都、舟曲、岷县、礼县、庆阳、陇西、渭源、西和、文县、甘谷、武山、清水、和政、静宁、平川区、东乡、积石山、张家川、卓尼、漳县、靖远、永登、临夏、临潭、康乐、天祝、广河、康县、景泰、榆中、定西、临洮、庄浪、秦安、通渭、永靖、会宁、华池、环县、古浪
青海	14	化隆、循化、同仁、班玛、囊谦、民和、大通、达日、治多、平安、湟源、泽库、玉树、杂多
宁夏	8	西吉、固原、海原、同心、隆德、泾源、盐池、彭阳
新疆	25	柯坪、疏附、皮山、墨玉、托里、木垒、策勒、于田、巴里坤、疏勒、岳普湖、阿克陶、洛浦、塔什库尔干、阿图什市、英吉沙、尼勒克、福海、阿合奇、乌恰、民丰、和田县、和田市、叶城、乌什

(二)针对贫困县的政策

《计划》特别强调:“尽管目前的贫困人口只占全国农村总人口的8.87%,但是扶贫开发的任务十分艰巨。这些贫困人口主要集中在国家重点扶持的592个贫困县,分布在中西部的深山区、石山区、荒漠区、高寒山区、黄土高原区、地方病高发区以及水库库区,而且多为革命老区和少数民族地区。共同特征是,地域偏远,交通不便,生态失调,经济发展缓慢,文化教育落后,人畜饮水困难,生产生活条件极为恶劣。这是扶贫攻坚的主战场,与前一阶段扶贫工作比较,解决这些地区群众的温饱问题难度更大。”

贫困县需要更多政策上、资源上的倾斜。在资金投放方面,“中央的财政、信贷和以工代赈等扶贫资金要集中投放在国家重点扶持的贫困县,有关省、区政府和中央部门的资金要与其配套使用,并以贫困县中的贫困乡作为资金投放和项目覆盖的目标。其他非贫困县中的零星分散的贫困乡村和贫困农户,由地方政府安排资金扶持”。

在扶贫资金管理方面,“国务院扶贫开发领导小组根据《计划》的要求和各有关省、区的贫困县数,贫困人口及贫困程度,讨论决定扶贫资金及以工代赈资金的分配方案”,“各省、区和贫困县扶贫办公室要建立项目库,并商有关部门共同规划、设计、论证、筛选扶贫开发项目,报扶贫开发领导小组批准进入项目库,然后由银行和资金管理部门评估、选定。县内项目由县扶贫开发领导小组批准进入项目库。跨县项目由省、区扶贫开发领导小组批准进入项目库”。在科教和基础设施建设方面,“积极推进贫困地区农村的教育改革,继续组织好贫困县的‘燎原计划’,普及初等教育,做好农村青壮年的扫盲工作,加强成人教育和职业教育”,“实施以工代赈计划,增加投入,加快贫困县、乡公路建设;在有水运条件的贫困地区,要积极发展水上运输”。这些政策对贫困县扶贫工作中的组织、管理、项目实施等提出了明确且详尽的要求。

《计划》实施期间,全国 592 个国家重点扶持的贫困县累计修建基本农田 6012 万亩,新增公路 32 万公里,架设输变电线路 36 万公里,解决了 5351 万人和 4836 万头牲畜的饮水问题,通电、通路、通邮、通电话的行政村分别达到 95.5%、89%、69%和 67.7%,其中部分指标已经接近或达到全国平均水平。此外,七年间,国家确定的重点扶持的贫困县农业增加值增长 54%,年均增长 7.5%;工业增加值增长 99.3%,年均增长 12.2%;地方财政收入增加近 1 倍,年均增长 12.9%;粮食产量增长 12.3%,年均增长 1.9%;农民人均纯收入从 648 元增长到 1337 元,年均增长 12.8%。所有这些指标都高于全国平均水平。

二、广泛推进东西对口支援

(一)对口支援的核心理念

对口支援指的是经济较发达的地区通过帮扶、结对等方式，对经济欠发达地区实施各种经济、文化、资源上的援助的政策性行为。“八七”扶贫攻坚阶段，随着东部沿海地区经济的飞速发展，中国社会经济发展不平衡现象的逐渐加剧，东西部经济发展的差距拉大，贫困问题的地缘特征越来越明显。数据显示，1994年，在592个国家定点的贫困县中，中西部地区的县市占据了总数的82%，贫困人口数量占80.3%。[①]针对这一现象，《计划》指出，要缩小东西部地区差距，以实现全国共同富裕的目标。1996年，党中央、国务院作出推进东西部对口协作的战略部署，强调了对口支援这一核心措施，发达地区要本着优势互补、互利互惠、共同发展的原则，以帮助贫困地区发展经济、带动广大贫困群众解决温饱问题为重点，实施对口帮扶，帮扶措施要落实到乡、到村、到户；要依托当地资源着力发展种植业、养殖业和以种养业为原料的加工业，发展产业经济；要从实际出发，量力而行，多办实事，注重实效，切实帮助对口地区解决贫困问题。

(二)对口支援的主要政策

《计划》对对口支援也提出了较为具体的政策要求，文件明确指出：“北京、天津、上海等大城市，广东、江苏、浙江、山东、辽宁、福建等沿海较为发达的省，都要对口帮助西部的一两个贫困省、区发展经济。动员大中型企业，利用其技术、人才、市场、信息、物资等方面优

① 沈沥：《农村反贫困政策评析》，《社会科学战线》2009年第3期，第69页。

势,通过经济合作、技术服务、吸收劳务、产品扩散、交流干部等多种途径,发展与贫困地区在互惠互利的基础上的合作。凡到贫困地区兴办开发性企业,当地扶贫资金可通过适当形式与之配套,联合开发。”《计划》还要求各级政府、部门单位动员社会力量参与对口支援的活动,组织东西部地区相互交流,扩大对口帮扶的规模。

国务院扶贫开发领导小组决定,经济较发达的 9 个省、市和 4 个计划单列市要分别帮扶经济欠发达的 10 个省(自治区)。其中,北京市帮扶内蒙古自治区,天津市帮扶甘肃省,上海市帮扶云南省,广东省帮扶广西壮族自治区,江苏省帮扶陕西省,浙江省帮扶四川省,山东省帮扶新疆维吾尔自治区(包括新疆生产建设兵团),辽宁省帮扶青海省,福建省帮扶宁夏回族自治区,大连、青岛、深圳、宁波四个计划单列市联合帮扶贵州省。在国家扶持资金的投放上,更加注重对不发达地区的倾斜。

(三)对口支援的经验与成效

自对口支援计划实施以来,东西部地区开展了多层次、多形式、宽领域、全方位的扶贫协作,来自东部发达地区的资金、技术、人才、理念以不同形式源源不断地输入西部,不仅促进贫困地区提升了“造血”能力,也实现了双方的互利共赢、共同发展。

据不完全统计,1996—1999 年间,东部 13 个省、市政府和社会各界向西部地区累计捐赠钱物 10 亿多元,签订协议项目 2000 个,实际投资近 40 亿元,从西部贫困地区输入劳动力 25 万人,为西部贫困地区创造劳务收入 8 亿多元,充分体现了先富带后富、走共同富裕道路的社会主义本质特征。[①]

① 张晓阳:《论建立对口帮扶的制度保证系统》,《贵州社会科学》2000 年第 1 期,第 29 页。

1.闽宁协作

闽宁协作是我国东西协作的优秀典型。1996年8月,中央扶贫工作会议决定福建省与宁夏回族自治区结为扶贫协作对口帮扶关系。1996年10月,福建省委、省政府成立了由时任福建省委副书记习近平同志为组长,19个省直机关为成员单位的福建省对口帮扶宁夏回族自治区领导小组,闽宁协作正式拉开序幕。

图4-1 上图为宁夏永宁县闽宁镇建设初期的乡镇雏形;
下图为如今的闽宁镇原隆移民村村貌

福建、宁夏两地开展对口扶贫协作以来,两地党委和政府按照当年习近平同志确定的“优势互补、互惠互利、长期协作、共同发展”的指导原则,一届接着一届抓、一任接着一任干,在长期的实践中探索形成了“联席推进、结对帮扶、产业带动、互学互助、社会参与”的对口扶贫协作机制,有力促进了宁夏特别是西海固地区的经济发展、社会进步和民族团结。现在闽宁协作已经从单向的扶贫解困,发展为双向的互利共赢;从单一的经济援助,发展为教育、文化、医疗等多领域合作;从单纯的政府行为,发展为政府、企业、社会相结合的对口协作。习近平总书记在东西部扶贫协作座谈会上的讲话中充分肯定闽宁协作取得的成绩,认为是东西部扶贫协作和对口支援的一个生动例子。闽宁协作的成功经验可以概括为以下几个方面:

一是坚持省区高层统筹。两省区党委和政府高度重视,都把对口扶贫协作作为一项重大的政治任务来抓。1996 年,时任中共福建省委副书记的习近平同志,倡议闽宁两省区每年召开对口扶贫协作联席会议,建立对口扶贫协作长效制度。在每年召开的联席会议上,双方总结上一年的扶贫协作情况,研究解决重大问题,协商制定帮扶举措,督促协商成果落地见效。通过联席会议制度,把两地党委和政府的协作工作统筹起来,把顶层设计做好。

二是坚持民生优先。在对口帮扶中,福建始终把改善宁夏贫困地区的基础设施作为重要突破口,把有限的帮扶资源重点投向民生改善和社会事业发展领域。针对贫困地区饮水难问题,修建了一大批水利、水土保持、饮水等基础设施;针对“一方水土养不活一方人”的问题,在统一规划、通盘考虑的基础上,集中力量建设了闽宁镇、石狮镇、惠安村等一大批生态移民示范村,近 50 万贫困群众实现了生产方式和生活方式的改变;针对社会事业的设施落后问题,援建了西海固地区妇幼保健院、医护培训中心、卫生院(所)等一批卫生项目,援助了一批学校和科技文化中心;针对贫困地区群众就业难问题,双方共同努力在福建建立了 5 个较大的劳务基地和 3 个劳务工作站。现在宁夏有 4 万多人在闽稳定务工,每年获得劳务总收入超过 10 亿元。

三是坚持产业带动。坚持把优势互补产业对接作为增强内生动力、实现共同发展的重要内容。双方合作建设了一批闽宁产业园区,签订50多项投资协议,协议金额400多亿元,形成了机械制造、电子信息、纺织轻工、风力发电、食品加工、葡萄酒等一批特色产业项目,有效带动了两地的经济发展和农民增收。其中两省区合作实施的菌草种植技术、福建优质瓜果蔬菜和宁夏冷凉蔬菜技术的研究及推广等项目,使两地农民户均增收1000元以上。目前,福建在宁夏企业5600多家,年上缴税收超10亿元,安置当地劳动力就业10万多人。

四是坚持互学互助。扶贫重在扶智,摆脱贫困首先要摆脱思想意识和思路的贫困。在扶贫协作工作中,两省区都把互派干部挂职和推动人才交流作为互学互助的主要途径。福建先后选派9批140名干部、1300多名专业人才到宁夏西海固地区挂职,其中大部分是后备干部、年轻干部。宁夏也先后选送了15批244名基层干部到福建挂职。闽宁扶贫协作的过程,既是福建人才、资金、技术、经验和市场要素植入宁夏“肌体”的过程,也是两地干部群众互相学习、共同进步的过程。

五是坚持社会参与。扶贫攻坚,一方面要靠政府力量,另一方面要调动社会力量。两省区积极搭建社会参与平台,培育多元社会扶贫主体,引导和鼓励社会团体、民间组织、爱心人士通过科技帮扶、公益慈善、投资置业等方式,积极参与援助宁夏贫困地区。据不完全统计,1996年至2016年,福建社会各界捐助折款2亿元,直接参与帮扶的各界人士超过10万人次。[①]

案例4-1 情满塞上 奋进逐梦

宁夏西南,六盘山连绵起伏,峻拔叠翠。提到它,最为人熟知的诗词应是“六盘山上高峰,红旗漫卷西风。今日长

① 尤权:《滴水穿石 真抓实干 进一步提高闽宁对口扶贫协作水平》,《求是》2016年第21期,第22页。

缨在手，何时缚住苍龙”。就在这豪迈的六盘山下，有一片千沟万壑的西海固。战争的烽烟早已散去，但这里的人们依然年年岁岁同干旱和贫瘠“鏖战”。

西海固，囊括了原州区、西吉县、隆德县、彭阳县等 9 个贫困县区。由于雨水奇缺，流水切割及千百年来的盲目垦殖，这里生存条件极差，素有“苦瘠甲天下”之称，1972 年被联合国粮食开发署确定为最不适宜人类生存的地区之一。

1996 年，党中央、国务院作出开展东西部扶贫协作的重大战略部署。10 月，由时任福建省委副书记习近平同志为组长的“福建省对口帮扶宁夏领导小组”正式成立。5 个月后，习近平同志率团来到宁夏，开始为期 6 天的对口扶贫考察，并在银川召开了闽宁对口扶贫协作第二次联席会议。正是在这次会议上，双方决定共同建设作为扶贫协作示范窗口的闽宁村。1997 年 7 月 15 日，由习近平同志亲自命名的闽宁村在银川城外永宁县的一片戈壁滩上破土动工。

2016 年 7 月，时隔近 20 年后再到固原，习近平总书记触景生情地回忆：1997 年我来到西海固，被当地的贫困状态震撼了。看了以后，我就下决心贯彻党中央决策部署，推动福建和宁夏开展对口帮扶。

坡地改梯田、打井窖、吊庄移民……习近平同志当年主导的那些扶贫措施，改变了无数西海固贫困家庭的命运。64 岁的谢兴昌，就是其中一户。在永宁县闽宁镇自家新修的小院里，谢兴昌坐在枣树下回忆：闽宁村奠基那天，习近平同志代表对口帮扶领导小组发来贺信。我就站在台下听人读那信，听着听着就哭了，虽然那时闽宁还是一片荒凉，但我知道搬出山沟沟就一定会有希望……“我到附近农场掰了4个玉米棒子、4个高粱穗子,拿着回西吉老家宣传,让大伙知道搬来这儿有水能种活粮食。”谢兴昌说。20多年过去了,谢兴昌当年流泪憧憬的都已成真。作为第一批走出西海固的移民,谢兴昌经历了闽宁镇从几百人到如今6万多人的变化,群众人均年收入从不足500元跃升到2017年的12341元,昔日的“干沙滩”变成了今天的“金沙滩”。

2016年7月,当习近平总书记再次来到闽宁镇,漫天风沙的荒滩已变成宽敞的柏油路、鳞次栉比的红瓦白墙小楼。永宁县委一位当时在场的同志回忆说:“总书记一路都在问老百姓的收入、上学、就医(情况),问村里基础设施配套(建设情况)。他说:‘闽宁合作探索出了一条康庄大道,这个宝贵经验可以向全国推广,做一个示范,实现共同富裕。’”①

2.上海对口支援云南

1996年,按照党中央、国务院扶贫开发的统一部署,上海市展开了对口支援云南省的工作,经两地政府商定,上海重点对云南思茅、红河、文山3个地州实行对口支援。20多年来,上海政府以进村入户为中心、以科教文卫为支点、以市场经济规律为杠杆、以提高当地群众综合素质为目标、以可持续发展为根本,实行了一系列精准有效的扶贫措施,有力推动了云南贫困地区的经济发展、提高了民众的个人综合素质,建立了脱贫致富的长效机制。

案例4-2 一条长江水,廿载沪滇情

云南,是全国集边疆、民族、山区、贫困“四位一体”的扶

① 孙波、陈晓虎、荣启涵等:《情满塞上 奋进逐梦——以习近平同志为核心的党中央关心宁夏发展纪实》,资料来源:2018年9月18日新华网。

贫攻坚主战场。1996年9月，配合国家“八七”扶贫攻坚计划的实施，中央扶贫开发工作会议确定建立东西部扶贫协作机制，上海与云南正式建立结对帮扶关系。结对帮扶关系建立以来，沪滇双方坚持“中央要求、云南所需、上海所能”相结合，贯彻“民生为本、产业为重、规划为先、人才为要”的帮扶方针，助力对口地区贫困群众脱贫奔小康和增强当地可持续发展能力。沪滇结对帮扶关系持续深化，帮扶重点从原来的4个州市26个贫困县，拓展为13个州市74个贫困县。

随着“沪企入滇”工程推进，上海市一批知名企业、商会到云南投资兴业。仅2017年，实施沪滇经济合作项目217个，到位资金324.3亿元，带动贫困人口脱贫7955人，吸纳就业脱贫2950人。教育、医疗是长期制约云南发展的短板，也是沪滇扶贫协作的重点。自2011年起，上海连续选派1000多名优秀教师赴云南对口地区支教，两地百家中小学结对帮带；上海28家三级医院与云南28家贫困县医院结对，有效提升了云南基层医院的医疗服务和管理水平。①

三、积极发展定点扶贫

(一)定点扶贫的核心理念

定点扶贫，是指党政军机关、企事业单位等部门选择一个或几个特定的地区开展持续性的扶贫工作。定点扶贫是中国特色扶贫开发工作的重要组成部分。1986年，中共中央、国务院一号文件《关于一

① 颜维琦、任维东:《一条长江水，廿载沪滇情》,《光明日报》2018年7月19日。

九八六年农村工作的部署》中,明确要求利用定点扶贫的渠道为贫困地区培养干部,从中央、省、地三级机关抽调优秀干部和支援者到贫困地区进行实地帮扶,帮助贫困地区脱贫。在党中央领导、各有关方面大力支持和定点扶贫地区广大干部群众的共同努力下,定点扶贫工作取得了卓越的成效。

定点扶贫最初只是一种倡导性的社会活动,随着扶贫格局的扩大和各类政策的推动,定点扶贫已经成为政府扶贫的一项重要组成部分。从具体操作方面来看,定点扶贫的主要实施力量是省直单位,定点扶贫也成为各级党政机关参与扶贫的有效途径,通过各部门选派优秀的干部与工作人员深入贫困地区挂职帮扶,形成固定的定点驻村工作队①,直接领导群众实施扶贫工作。定点扶贫具有形式灵活、策略有针对性、计划有持续性等特点。

(二)定点扶贫的主要政策

《计划》中明确提出了定点扶贫的具体要求,“中央和地方党政机关及有条件的企事业单位,都应积极与贫困县定点挂钩扶贫,一定几年不变,不脱贫不脱钩”。一是要求各级部门与贫困县结成一对一或一对多的帮扶关系,二是强调帮扶必须是长期的、持续的,部门要确实深入定点地区实行不间断的扶贫工作,直到该地区脱贫。在此号召之下,相关部门和企事业单位有计划地筹集资金以及派遣专职人员进驻重点贫困县、村,通过物资帮扶、资源开发、教育培训、发展产业、理念引导等多种措施、手段帮助贫困地区发展经济、提升内生动力、脱贫致富。《计划》中还特别明确了各部门的工作任务和职责范围。

① 周恩宇:《定点扶贫的历史溯源与实践困境——贵州的个案分析》,《西南民族大学学报(人文社会科学版)》2017年第3期,第13页。

专栏 4-1 《国家八七扶贫攻坚计划(1994—2000 年)》部门任务

(一)政府各有关部门要根据本计划总的要求,分别制定本部门、本系统的"八七"扶贫攻坚实施方案,充分发挥各自优势,在资金、物资、技术上向贫困地区倾斜。

(二)计划部门:要结合"九五"计划,制定有利于贫困地区经济和社会发展的宏观规划和产业政策;国家的资源开发型项目对贫困地区实行同等优先的原则;管好和用好以工代赈资金;做好涉及扶贫开发的宏观协调工作;组织和推动贫困地区与发达地区的经济合作。

(三)内贸和外贸部门:要积极帮助贫困地区建立商品生产基地,兴建商业设施,开拓市场,搞活流通,扩大包括边贸在内的对外贸易。

(四)农林水部门:

——农业部门要继续在贫困地区组织和实施"温饱工程";推广"丰收计划",发展高产优质高效农业;加强农业技术推广体系建设,农民技术培训、实用技术的推广;搞好农村能源建设;农业院校应在贫困地区定向招生,定向分配,培养一批稳定的农业技术骨干;采取有力措施,加快贫困地区乡镇企业发展。

——林业部门要支持贫困地区发展速生丰产用材林、名特优经济林以及各种林副产品,协同有关部门,形成以林果种植为主的区域支柱产业;加快植被建设、防风治沙,降低森林消耗,改善生态环境。

——水利部门要配合以工代赈项目的实施,加快贫困地区的基本农田建设和小流域综合治理;兴修小型水利设施,采用多种形式解决人畜饮水困难问题;利用山区资源,发展小水电;认真解决库区移民和滩区、蓄滞洪区群众的贫困问题。

(五)科教部门:

——科技部门要制定科技扶贫战略规划,指导和推动扶贫工作转到依靠科学技术和提高农民素质的轨道上来。要增强实施“星火计划”的力度,动员各方面力量开展多种形式的科技开发和科技服务,认真抓好扶贫开发的科学研究和科技示范。

——教育部门要积极推进贫困地区农村的教育改革,继续组织好贫困县的“燎原计划”,普及初等教育,做好农村青壮年的扫盲工作,加强成人教育和职业教育。

(六)工交部门:

——交通部门要配合实施以工代赈计划,增加投入,加快贫困县、乡公路建设;在有水运条件的贫困地区,要积极发展水上运输。

——铁路部门要根据国家总体计划,尽可能兼顾贫困地区的铁路建设;要把贫困地区的货物运输优先纳入计划,支持其商品物资流通。

——电力部门要与有关部门和地方协作,尽早消灭无电县;调整地处贫困地区大型电站的留利政策,尽可能照顾当地尤其是水库移民的利益,帮助发展工农业生产。

——地矿、煤炭、冶金、建材等部门,要继续帮助贫困地区探明矿产资源,并在统一规划下帮助合理开发和利用。

——化工部门要帮助贫困地区改造小化肥厂,扩大化肥的就地供应量,支持有条件的地方发展其他化工产品。

——邮电部门要加快贫困县程控电话的改造进度，努力扩大贫困乡村通电话、通邮政的网络。

（七）劳动部门要为贫困地区的劳动力开拓外出就业门路，做好就业服务和技术培训工作，努力扩大合理有序的劳务输出规模。

（八）民政部门要加强贫困地区的救灾和救济工作，建立和健全社会保障体系，为贫困人口中优抚、救济对象创造基本生活条件。

（九）民族工作部门要把解决少数民族贫困地区温饱问题和进一步脱贫致富作为工作重点，协调和配合有关部门做好少数民族贫困地区的科技扶贫、智力支边、普及教育和干部交流等项工作。

（十）文化卫生和计划生育部门：

——文化部门要为贫困地区安排一定的文化设施建设，坚持采取电影巡回放映队、文化流动车等灵活多样的形式改善群众文化生活。

——广播电影电视部门要为贫困地区建设电视差转台，扩大电视收视率和有线广播覆盖范围。

——卫生部门要建立和完善贫困地区三级医疗预防保健网；大中专医学院校要为贫困地区培养定向招生、定向分配的医务人员，稳定乡村医疗队伍，提高乡村医生服务水平；制定和落实控制地方病的措施。

——计划生育部门要特别加强贫困地区的计划生育工作，把实行计划生育与扶贫结合起来，积极开展人口与计划生育基础知识教育，提供必要的避孕药具，努力降低人口自然增长率。

(十一)财政、金融、工商、海关等部门,要根据扶贫开发任务的要求,结合各自职能,采取积极措施促进贫困地区的经济发展。

(三)定点扶贫的典型案例

“八七”扶贫攻坚阶段,各政府部门、事业单位积极响应中央号召,在定点扶贫地区实行持续性的帮扶工作。帮扶过程中,各单位充分结合部门特色与行业优势,运用选派干部、提供技术、开发资源、投资项目等多种多样的扶贫手段帮助贫困地区,真正做到了对口管理、因地施策、精准发力,以产业为根本、以项目为依托、以长效脱贫为目标,带动定点地区脱贫致富。

案例 4-3 外交部实施外援小额信贷扶贫项目

云南省金平县和麻栗坡县(以下简称“两县”)是外交部定点扶贫县。自1996年外交部协助引进外援资金在两县实施小额信贷项目以来,两县外援小额信贷扶贫工作经过不断探索、试验,最终走上健康发展道路,并总结出一套独特而行之有效的经验。

外援小额信贷项目落户云南经外交部牵线搭桥,联合国开发计划署(UNDP)于1996年向两县分别出资15万美元,率先在金平县的金水河镇和铜厂乡、麻栗坡县的杨万乡和铁厂乡开展小额信贷工作,取得较好的扶贫效果。由于UNDP项目的成功,1997年孟加拉乡村银行(GB)借给两县各5万美元,外交部向麻栗坡县下拨75.9万元、向金平县下拨73万元,国际农业发展基金会(IFAD)向麻栗坡县投入 167 万元，开展小额信贷推广工作。经过不到一年的示范推广，两县外援小额信贷项目取得了较好的社会和经济效益，引起云南省委、省政府的高度重视。1997 年 4 月，云南省小额信贷扶贫试点工作会议在麻栗坡县召开，确定麻栗坡县为小额信贷扶贫推广示范县。随即云南省农业银行和上海市分别向两县各下拨数百万元的信贷资金，掀起了两县小额信贷扶贫的高潮。此后，联合国人口基金会(UNFPA)向金平县投入 128 万元，外交部再向麻栗坡县投入 100 万元外援资金，实施小额信贷项目。目前，金平县实施外援小额信贷项目的有金水河、铜厂、营盘、老集寨和阿得博 5 个乡镇，麻栗坡县有董干、铁厂和杨万 3 个乡镇。两县外援小额信贷扶贫工作从试点到推广，历经了 10 多年的艰苦历程，项目基本走上了可持续发展的道路，实现了较高的还贷率。自 1996 年起，金平县累计发放外援小额信贷款(包括 UNDP、UNFPA 和外交部资金)1507.8 万元，累计收回贷款1290.2万元，贷款受益 34 个行政村、69 个村小组、805 家农户，还贷率 85.6%；麻栗坡县共投放外援小额信贷款(包括 UNDP、IFAD 和外交部资金)2027.68 万元，已收回贷款1856.21万元，扶持贫困农户 9220 户，受益人达 32270 人，还贷率达 91.5%。该项目的实施，提高了贫困农民特别是农村妇女的“造血”功能和自我发展能力，促进了种养业和加工业的快速发展，起到了“扶真贫、真扶贫”的作用，促进了社会主义新农村建设，取得了良好的社会和经济效益。

为管理好外援小额信贷项目，两县均设立了专门管理机构，挂靠在县外援扶贫办。金平县称为“县农村合作发展促进会”,麻栗坡县称作“县乡村经济发展协会”。“两会”在乡镇一级设立小额信贷工作站,平均每个工作站4～5名信贷员,均由各乡镇从社会招聘,具体办理信贷业务。实施过程中,乡镇信贷员入村了解贫困户借款申请及经营项目,然后将借款计划提交县“两会”,再由“两会”派人到村里核实申请人家庭状况及借款偿还能力。验收合格后,乡信贷员办理借款手续,同时跟踪、监督借款户经营的项目,协助其发展生产,并按期收回贷款。在贷款目标选择上,为确保小额信贷资金能够到达贫困农户手中,两县信贷管理机构主要将资金贷给三类农户:一是具有摆脱贫困强烈愿望的贫困农户;二是生产、生活和经济条件居于全村中等水平以下的农户(民政救济对象除外);三是有自我就业能力的女性成员,且该家庭没有巨额外债,并能理解和接受项目要求和条件。在贷款方式上,两县外援小额信贷方式主要参照孟加拉国乡村银行模式,先入村组建5户农户为1组,3～5组为一个中心,对小组成员进行多次培训后,采用“2—2—1”形式发放贷款,并采用小组中心联保制度,贷款户每半个月还贷一次。近年来两县简化了外援小额信贷的贷款方式,对一年期贷款采用分批还贷,即每月还贷一次;对数个月的短期贷款采用整贷整还方式。①

案例4-4　国家林业局在山区扶贫模式上的探索

“八七”扶贫攻坚计划实施之后,国家林业局为了落实“八七”扶贫攻坚计划的相关任务,调整了以前的扶贫目标,

① 张惠勋:《外援小额信贷花开云南——外交部定点扶贫县实施外援小额信贷扶贫项目侧记》,《中国扶贫》2010年第10期,第42—43页。

转向同政府扶贫的目标一致，即重点解决贫困人口的温饱问题，并确定到20世纪末人均纯收入、人均口粮要达到的标准。在此目标的指导下，国家林业局确定了总体工作思路，主要从三方面入手：通过建设经济林和用材林，创造稳定解决温饱的基础条件；加大绿化面积，控制水土流失，改善生态环境，确保当地农业生产的可持续性；搞好林业基础设施建设，建立和完善林业社会化服务体系，改善地区发展的社会环境。

根据1991年11月原林业部第三次扶贫工作会议和原林业部扶贫办《关于印发“黔桂九万大山‘八五’及2000年林业扶贫开发规划”提纲的通知》将林业扶贫工作纳入规范化管理轨道的精神，扶贫开发领导小组办公室按自下而上的方式，在黔桂九万大山地区对贫困村、户和已有扶贫项目进行详细调查的基础上，吸纳当地干部和群众的意见，组织制定了《黔桂九万大山“八五”及2000年林业扶贫规划》，1994年又根据全国扶贫工作会议精神和国家“八七”扶贫攻坚计划的总体要求，对该规划进行修订，并编制成为《黔桂九万大山地区林业八七扶贫攻坚计划》。

定点扶贫以来，国家林业局重点扶持建立、完成了一批林业基础设施、社会化服务体系和林果业示范基地。

（一）农业生产项目：通过定点扶贫，九万大山地区共完成人工造林1560万亩，其中经济林240多万亩。林果业对贫困户的覆盖面达80%以上。广西8个县全部完成了灭荒任务，贵州10个县已有7个实现了绿化达标，森林覆盖率达37.61%。

(二)教育培训项目:

1.建设希望小学。国家林业局积极号召本行业的各个部门和全体职工,向九万大山地区捐助希望工程小学和失学儿童,发展当地文教事业。1994年捐助160多万元实施的贵州希望工程丹寨县兴仁小学有少数民族学生794名,占在校学生人数的94.5%,学校现有教学楼一栋、教工宿舍两栋、学生宿舍一栋和3000平方米的活动场地。学校现开设了19个教学班,有在岗教师40人;学校布局整齐规范,开设了电教室、实验室和学生图书室,基础设施在黔东南州农村学校中堪称一流。继此之后,1997年投资捐建了贵州独山本寨希望小学、三都幸福小学,1998年投资捐建了广西环江绿色希望小学,1999年捐建了广西金秀县琼伍希望小学和贵州雷山县希望小学、剑河县希望小学,2000年捐建了荔波县希望小学。面向贫困地区定向招生,委托部直属林业高等院校定向招收培养本、专科学生400余人。1997年10月,原林业部机关在京干部职工又募捐近16万元,资助贵州从江县和广西融水苗族自治县的失学儿童。

2.人才培训。国家林业局通过建设林业中专和5个地级林业技术培训中心,培养中等专业、职业技术人才1万多人;通过举办县局级干部培训班,培训县局级干部350余人次;通过选派林业专家赴贫困地区进行专题指导,帮助贫困地区解决技术疑难问题、传送市场信息,赠送技术资料及成果样品2万余份。为贯彻落实中央扶贫开发工作会议精神,增强现代林业意识,充分发挥林业在山区综合开发、乡村发展和脱贫致富中的作用,进一步做好林业定点扶贫工作,切实打好“八七”扶贫攻坚战,1999年10月和11月,国家林业局分别在湖南株洲中南林学院、云南昆明西南林学院组织举办了西南地区第三届社会林业培训班(扶贫地区县长班)和黔桂九万大山地区林业扶贫干部培训班(林业局长班)。培训班采取专家讲授、学员座谈、讨论、理论与实际相结合的方式,取得了良好的培训效果,得到了学员的好评。

(三)科技推广项目:

通过定点扶贫,国家林业局在两省(区)建骨干苗圃和良种繁育中心10余个,建技术推广站18个,县级以下服务网点300多个。1994年8月,国家林业局组织了由资深专家、学者和科技人员组成的科技扶贫团一行11人赴贵州黔东南州考察,形成了《发展林业产业,加速脱贫致富步伐》的考察报告,对当地扶贫开发起到了积极的指导作用。

1997年,国家林业局组织林产工业与经济林专家组赴九万大山地区黔南、河池两地的10个县,指导该地区的林产工业经济林产业的发展,解决技术疑难问题3个,现场咨询答疑30个,传播专业技术和市场信息百余个,并形成1万余字的指导意见,为少数民族地区产业的发展提供了帮助。

近年来,国家林业局积极组织“文化扶贫、送报下乡”活动,向黔桂九万大山地区赠《农民日报》200份、《中国绿色时报》400份,让近200个贫困乡(镇)及林业站能每天看到报纸,了解致富信息;组织直属单位中国林科院等从1994年起每年向黔东南的民族林校赠送书刊,传播知识、信息;1997年,国家林业局组织24位林业专家、学者组成两个专家组分赴广西、贵州九万大山地区16个县,赠送技术资料和科技成果样品2万余份,举办讲座12场,专家讲课60人次,培训技术骨干近千人次,开展送科技下乡活动。1999

年,又在《林业科技通讯》上开辟专版,刊登林业科技信息,并送到九万大山贫困乡镇。

经过林业局和各方扶贫力量10多年的努力,黔桂九万大山贫困地区累计5个地(州)18个贫困县的贫困人口由1986年的350万人减少到1996年底的64万人和2000年底的40万人(其中:贵州26万人,广西14万人),脱贫人口占该地区贫困人口的88.6%;工农业总值和财政收入稳步上升,农民人均收入不断提高。贵州九万大山地区2000年工农业总产值和财政收入是1987年的两番多,农民人均纯收入也由1987年的250元增加到2000年的617元;广西九万大山地区的农民人均收入也由1987年的347.6元增加到2000年的1320.5元。以林果为主导产业的格局基本形成,林业在当地国民经济中的比重逐步提高。广西九万大山地区林地面积从1987年的763.66万亩增加到2000年的1721.49万亩,净增957.83万亩;活立木蓄积量从1987年的3314.7万立方米增加到2000年的5192.1万立方米,净增1877.4万立方米;森林覆盖率从1987年的21.35%上升到2000年的48.3%;建起乡镇林业工作站98个,县级林业科技推广中心8个;有林区公路108公里,林区道路899公里,防火林带1801公里,防火林道2759公里,瞭望台49座,灭火机677台。[①]

案例4-5 江苏“五方挂钩”定点扶贫侧记

早在1995年,江苏省就建立起“五方挂钩”机制,在坚

① 王利文、刘韶辉:《山区扶贫模式的探索——国家林业局定点扶贫调查报告》,《社会扶贫中的政府行为调查报告》(2001年),第20页。

持省级财政投入为主体的基础上，组织省级机关部门、部省属企业、高校科研院所、苏南发达县市与苏北经济薄弱村建立挂钩帮扶关系，开展了“江苏模式”的定点扶贫。

江苏省虽然是东部沿海较为发达的省份，但省内区域经济梯度明显，全省80%以上的经济薄弱村和低收入人口集中在苏北。地处苏北地区的泗洪县长期以来是江苏省经济较弱的地方，尤其是泗洪县西南部岗丘地带——西南岗片区，由于土地贫瘠、交通闭塞等原因，过去这一地带近六成的村被列为省定经济薄弱村，约1/4的人年均纯收入低于4000元。

为了帮助泗洪县脱贫致富，20世纪90年代初，江苏省向泗洪县派驻了扶贫工作队，由不同部门的成员组成，采取工作队队长驻县、工作队队员驻乡、工作到村的方式，对薄弱村、薄弱农户开展定点扶贫。截至2014年底，西南岗片区的脱贫率达到了72%。

泗洪县并不是一个帮扶“特例”。2012年至2014年，江苏省的247个单位与苏北19个县(市、区)挂钩帮扶，投入各类帮扶资金近75亿元，有不少是通过项目的方式进行扶持，通过提供创业机会、就业岗位，让贫困户拥有可持续的收入，以降低农民返贫的可能性。

同处苏北地区的泗阳县卢集镇郝桥村，有着一片占地近34亩的连栋大棚，这是泗阳县帮扶队为当地贫困村民打造的一座“小金库”。通过出租给大户，这片大棚不仅一年能给村集体经济带来20万元租金的收入，还带动了当地村民在本地的就业率。通过“五方挂钩”这样全面的、落到实处的定点扶贫计划，大量曾经生活艰难的人们脱掉了“贫困”的帽子。[①]

四、坚持开发式扶贫

(一)开发式扶贫的核心理念

开发式扶贫,指的是在国家提供必要的资金、资源支持的前提下,贫困地区对自身的自然资源进行开发,发展建设自身的生产力,逐步形成贫困地区和贫困户的自我积累和发展能力,达到能自力更生、脱贫致富的目的。开发式扶贫不同于传统的救济式扶贫,是真正能引导贫困地区民众自主“造血”,从根源上清除贫困的长期性扶贫机制。

(二)开发式扶贫的主要政策

“八七”扶贫攻坚阶段,中央及各级政府始终坚持开发式扶贫的方针,鼓励贫困地区广大干部、群众发扬自力更生、艰苦奋斗的精神,在国家的扶持下,以市场需求为导向,依靠科技进步,开发利用当地资源,发展商品生产,解决温饱进而脱贫致富。开发式扶贫的主要内容包括:(1)依托资源优势,按照市场需求,开发有竞争力的名特稀优产品。实行统一规划,组织千家万户连片发展,专业化生产,逐步形成一定规模的商品生产基地或区域性的支柱产业。(2)坚持兴办贸工农一体化、产加销一条龙的扶贫经济实体,承包开发项目,外联市场,内联农户,为农民提供产前、产中、产后的系列化服务,带动群众脱贫致富。(3)引导尚不具备办企业条件的贫困乡村,自愿互利,带

① 聂可:《定而谋动 事半功倍——江苏“五方挂钩”定点扶贫侧记》,资料来源:2015年11月28日新华网。

资带劳,到投资环境较好的城镇和工业小区进行异地开发试点,兴办二、三产业。(4)扩大贫困地区与发达地区的干部交流和经济技术合作。(5)在优先解决群众温饱问题的同时,帮助贫困县兴办骨干企业,改变县级财政的困难状况,增强自我发展能力。(6)在发展公有制经济的同时,放手发展个体经济、私营经济和股份合作制经济。

(三)开发式扶贫的典型案例

"八七"扶贫攻坚期间,开发式扶贫取得了显著的成果,许多贫困地区发展起了具有当地特色的地方产业,引入了市场化的运作体制和先进的现代化技术,建立起集种植、加工、销售于一体的现代生产体系,不仅有效利用了当地的资源,也促进了农业的单位产量与商品化进程,有效提高了区域内农民的收入,促进了减贫进程。在进行产业扶贫的基础上,各地综合运用多种扶贫方式,包括生态发展、易地搬迁、综合治理、资源引进、责任承包等方式,在贫困地区构建了一条可持续发展道路。

案例 4-6　"菌草之神"点"草"成金

在福建农林大学国家菌草工程技术研究中心楼前的山坡上,数丈高的巨菌草直指蓝天。20 多年来,这抹金子般珍贵的绿色,已经从福建的山头田间,蔓延到宁夏的荒漠戈壁,成为闽宁合作的一道亮丽风景线。国家菌草工程技术研究中心首席科学家、福建农林大学教授林占熺介绍:"目前,菌草技术已经在宁夏的 9 个县区推广应用,带动数万名农户年均增收 3000 元。"

1997 年 4 月,林占熺响应号召,背着 6 箱菌草草种到宁夏彭阳县办起了培训班。自那时起,他先后 20 多次来到宁夏,带着团队攻克多个技术难题,使菌草产业在宁夏全面开花。林占熺的故事,就是20多年来闽宁对口帮扶的一个生动缩影。

在一片质疑声中,林占熺和他的团队带着20多位特殊的“文盲”弟子,在古城镇小岔沟废弃的土窑里,开始了一项项技术攻关。为了培育出与当地水土相符的“本土蘑菇”,除了夙兴夜寐做研究观测,林占熺每夜都会沿着蜿蜒崎岖的山间小路,借着手电微光查看菇情。村民做梦都没有想到,第一批蘑菇出棚后,很快就卖完了。消息在山区“炸开”,原来,在技术“魔棒”的点拨下,贫瘠的土地也可以如此神奇。

为推广此技术,林占熺一行创办了技术培训班,并在闽宁村设立了示范点,先后有120多名教授和技术骨干在菇棚旁安营扎寨,进行包点包棚的无偿服务。随着以草代木栽培食用菌技术在宁夏推广,市场问题悄然而生,林占熺又当起了“推销员”,和他的团队带着菇样,从银川出发前往包头、兰州、西宁、西安、上海等地,马不停蹄地进行市场调查。此后的8年间,林占熺20多次到宁夏,攻克多个技术难题,使菌草产业在宁夏全面开花。[①]

案例4-7 延安市扶贫开发的研究

延安市地处黄河中游黄土高原丘陵沟壑区,全市辖1区12县,196个乡镇(街道办事处),3432个行政村,总人口192.6万人,其中农村人口153.96万人,总面积37037平方

① 高建进、王建宏:《闽宁协作:踏上新征程 创造新经验》,《光明日报》2018年7月19日。

公里。按照国家“八七”扶贫攻坚标准衡量，延安市被列入扶贫攻坚对象的8个县区56个乡镇、1479个行政村、10.3万户、46.1万人，其中8个国定贫困县区有贫困人口41万人，分别占全市农村人口、贫困人口的26.6％和88.9％。经过6年攻坚，到1999年底，全市累计解决了1441村、10万户、44.6万人的温饱问题，8个国定贫困县区全部达到了省定的越线标准。在全面实施扶贫攻坚计划中，延安市的主要做法是：

1.狠抓综合治理，把改善农业生产条件作为扶贫攻坚的可靠基础。由于基本农田少，粮食产量一直低而不稳，群众温饱问题长期难以得到解决。为此，多年来延安市把改善贫困乡村生产生活条件作为扶贫攻坚的基础来抓。在南部塬区主要是搞好现有基本农田的巩固提高，加强治沟治坡。北部山区是我们的治理重点，主要是坚持以流域为单元，以村庄为依托，以农田建设为基础，以发展林果业为重点，实行全面综合治理。在综合治理中，采取人机结合、集中会战等形式，每年都认真组织春、夏、秋三次集中会战，投入30万～40万劳动力，统一标准质量，连片规模治理，逐步缩小了与非贫困村的差距。在坚持不懈地搞好基本农田建设的基础上，认真组织实施“温饱工程”建设，大力推广地膜覆盖、大垄沟种植和催芽早播等旱作农业技术。1999年，完成温饱工程种植面积51.9万亩（省里下达任务41万亩），其中玉米30.5万亩、洋芋12.7万亩、小麦8.7万亩，在具体实施过程中，严格确定扶持对象，落实补助资金。

2.深化主导产业开发，把建立稳定收入来源作为扶贫攻坚的主要任务。1994年在实施扶贫攻坚计划开始，延安市把主导产业开发的重点放到了贫困乡村，对于没有形成明确产业的，从扩大规模上加大扶持力度，对于已形成规模的，从抓管理、攻质量上下功夫。通过6年的开发，新增梨果24万亩、杏14万亩、红枣5万亩，80%的贫困户已建立起一至两项较为稳定的主导产业，特别是1998年在小额信贷资金的扶持下，经济林果业、养殖业得到快速发展。

3.坚持扶贫到村到户原则，把推行以小额信贷为主的扶持方式作为扶贫攻坚的有效途径。在学习借鉴商洛经验以来，结合本地实际重点推行了以小额信贷为主的扶贫到户形式，取得了较好的扶贫效果。1998年，成立了8个县区扶贫社、109个乡村分社，组建了1636个中心、7607个联保小组，吸收贫困户5.9万户，占贫困户总数的80%，1999年发放小额信贷资金7800万元，户均1500元。目前，正在按照新的管理办法，进一步完善运行机制。[①]

“八七”扶贫攻坚阶段，中国的开发式扶贫有了进一步的深化和发展，其结果不仅仅表现在扶贫成效上，更多地体现在为扶贫地区指明了可持续性的脱贫方向，各种科学技术的运用、“造血型”脱贫理念的推广，为贫困地区注入了具有自主内生性的发展动力，为贫困地区的产业结构调整和后续发展奠定了良好的基础，真正带动了贫困地区经济的长效发展。

① 延安市老区扶贫开发办公室:《扶贫再造山川美——延安市扶贫开发综述》,《老区建设》2000年第9期,第26—28页。

五、"八七"扶贫攻坚阶段的扶贫成效

"八七"扶贫攻坚是一项全国性的扶贫开发计划,各省、市、县、机关部门乃至社会力量都参与其中,在各方共同的努力下,"八七"扶贫攻坚计划顺利达成,并获得了举世瞩目的成就。以湖北省为例,湖北省自开展"八七"扶贫攻坚以来,贫困地区的经济实力不断增强,贫困人口不断减少,财政收入及农民纯收入不断增长。对十堰、宜昌、黄石、咸宁和恩施所辖13个贫困县、市扶贫情况的调查结果显示,2000年底,13个县、市已基本实现扶贫攻坚的既定目标,农村贫困人口的温饱问题已基本解决。农民人均纯收入达到1411元,98%以上的农民人均纯收入已超过625元(不含民政救济对象和因灾返贫人口)的标准;兴建经济园林515万亩,户均达到3.87亩,人均达1.01亩,超过1亩的标准;向乡镇企业和发达地区转移劳动力共计128.07万人,户均0.99人,基本达到户均转移1人的要求;户均养殖业和其他家庭副业为1.15项,超过户均1项的标准;稳产高产农田为0.6亩,达到人均0.5～1亩的标准,并实现人均产粮380公斤以上,基本解决了温饱问题。[①]

从全国来看,全国城镇居民人均可支配收入由1994年的3179元上升至2000年的6280元,农民人均纯收入由1994年的1220元上升到2000年的2253元,贫困地区的人均纯收入上升至了1337元,涨幅高达一倍以上。农村贫困人口数量由1994年的8000万人减少到2000年的3000万人,其中重点扶持贫困县的贫困人口由5858万人下降至1710万人,农村贫困发生率由30.7%大幅下降至

① 吴黎明、彭辅廉:《扶贫攻坚:成效、问题与对策——对湖北省八七扶贫攻坚情况调查》,《湖北财税(理论版)》2001年第4期,第42页。

3.4%。尤其在1997年至1999年这3年中,中国每年有800万贫困人口解决了温饱问题。“八七”扶贫攻坚计划执行期间,国家重点扶持贫困县农业增加值增长54%,年均增长7.5%;工业增加值增长99.3%,年均增长12.2%;地方财政收入增加近1倍,年均增长12.9%;粮食产量增长12.3%,年均增长1.9%;农民人均纯收入增加到1337元,年均增长12.8%。[①] 到2000年底,国家“八七”扶贫攻坚计划基本完成。

本章小结

为缓解农村地区的贫困现象,进一步解决城乡差距和东西部差距,实现共同富裕,中国制定了“八七”扶贫攻坚计划,要求在1994年到2000年的7年间,基本解决全国农村8000万贫困人口的温饱问题。“八七”扶贫攻坚计划从目标、方针、策略、任务等方面对扶贫工作进行了详细的部署,其中的重点举措包括重新划分贫困县名单、实行东西部对口支援、定点扶贫和继续推进开发性扶贫等。经过不懈努力,“八七”扶贫攻坚计划的实施,改善了农村地区的贫困状况,缩小了区域性差异,有力地促进了贫困地区的发展。

① 国务院新闻办公室:《中国的农村扶贫开发》,资料来源:2001年10月15日国务院新闻办公室网站。

第五章
综合扶贫阶段
(2001—2012年)

2001—2012年为中国新世纪综合扶贫阶段。这一阶段,国家制定了更加有针对性的扶贫策略,扶贫政策也更加多元化。2001年,国务院颁布实施了《中国农村扶贫开发纲要(2001—2010年)》,将老、少、边、穷等集中连片贫困地区作为扶贫开发的重点,把残疾人纳入扶持范围,实施扶贫资源村级瞄准机制,积极开展定点扶贫、对口扶贫、社会扶贫,推动劳动力转移培训和产业化扶贫。纲要强调把扶贫开发作为脱贫致富的主要途径,把社会保障作为解决温饱问题的基本手段。2011年,中共中央、国务院印发新世纪第二个扶贫开发十年规划,即《中国农村扶贫开发纲要(2011—2020年)》,重点关注扶贫开发工作重点县和贫困村乃至贫困户的扶贫开发。

一、颁布农村扶贫开发第一个十年纲要

改革开放以来,特别是实施《国家八七扶贫攻坚计划(1994—2000年)》以来,中国农村贫困现象明显缓解,贫困人口大幅度减少。到2000年底,全国农村尚未解决温饱问题的贫困对象数量减少到

3000万人,占农村人口的比重为3%左右。除了少部分特殊对象之外,全国农村贫困人口的温饱问题基本解决,基本实现"八七"扶贫攻坚计划的目标。

2001年6月13日,国务院印发了《中国农村扶贫开发纲要(2001—2010年)》(国发〔2001〕23号)。《中国农村扶贫开发纲要(2001—2010年)》作为我国农村扶贫开发的第一个十年纲要,是新世纪中国扶贫开发工作的行动纲领,标志着中国扶贫开发进入了一个新的历史阶段。党中央、国务院决定从2001年到2010年,集中力量,加快贫困地区脱贫致富的进程,把扶贫开发事业推向一个新的阶段。2001—2010年扶贫开发总的奋斗目标,是尽快解决少数贫困人口的温饱问题,进一步改善贫困地区的基本生产生活条件,巩固温饱成果,提高贫困人口的生活质量和综合素质,加强贫困乡村的基础设施建设,改善生态环境,逐步改变贫困地区经济、社会、文化的落后状况,为达到小康水平创造条件。

《中国农村扶贫开发纲要(2001—2010年)》提出,要以坚持开发式扶贫方针,坚持综合开发、全面发展,坚持可持续发展,坚持自力更生、艰苦奋斗,坚持政府主导、全社会共同参与为基本方针;以把贫困地区尚未解决温饱问题的贫困人口作为扶贫开发的首要对象,继续帮助初步解决温饱问题的贫困人口增加收入,进一步改善生产生活条件,巩固扶贫成果;按照集中连片的原则,把贫困人口集中的中西部少数民族地区、革命老区、边疆地区和特困地区作为扶贫开发的重点,并在上述四类地区确定扶贫开发工作重点县;各有关省、自治区、直辖市要分别制定本地区的扶贫开发规划,规划要以县为基本单元、以贫困村为基础,明确奋斗目标、建设内容、实施措施、帮扶单位和资金来源。[①]

(一)扶贫开发的主要内容和途径

《中国农村扶贫开发纲要(2001—2010年)》明确了扶贫开发的主要内容和途径,即继续把发展种养业作为扶贫开发的重点,积极推进农业产业化经营,进一步改善贫困地区的基本生产生活条件,加大科技扶贫力度,努力提高贫困地区群众的科技文化素质,积极稳妥地扩大贫困地区的劳务输出,稳步推进自愿移民搬迁,鼓励多种所有制经济组织参与扶贫开发。

专栏5-1 《中国农村扶贫开发纲要(2001—2010年)》
关于扶贫开发工作的主要内容和途径

继续把发展种养业作为扶贫开发的重点。因地制宜发展种养业,是贫困地区增加收入、脱贫致富最有效、最可靠的途径。要集中力量帮助贫困群众发展有特色、有市场的种养业项目。贫困地区发展种养业,要以增加贫困人口的收入为中心,依靠科技进步,着力优化品种、提高质量、增加效益;要以有利于改善生态环境为原则,加强生态环境的保护和建设,实现可持续发展。帮助贫困户发展种养业,一定要按照市场需求,选准产品和项目,搞好信息、技术、销售服务,确保增产增收。要尊重农民的生产经营自主权,注重示范引导,防止强迫命令。

积极推进农业产业化经营。对具有资源优势和市场需求的农产品生产,要按照产业化发展方向,连片规划建设,

① 资料来源:《中国农村扶贫开发纲要(2001—2010年)》。

形成有特色的区域性主导产业。积极发展“公司加农户”和订单农业。引导和鼓励具有市场开拓能力的大中型农产品加工企业,到贫困地区建立原料生产基地,为贫困农户提供产前、产中、产后系列化服务,形成贸工农一体化、产供销一条龙的产业化经营。加强贫困地区农产品批发市场建设,进一步搞活流通,逐步形成规模化、专业化的生产格局。

进一步改善贫困地区的基本生产生活条件。以贫困乡、村为单位,加强基本农田、基础设施、环境改造和公共服务设施建设。2010年前,基本解决贫困地区人畜饮水困难,力争做到绝大多数行政村通电、通路、通邮、通电话、通广播电视。做到大多数贫困乡有卫生院、贫困村有卫生室,基本控制贫困地区的主要地方病。确保在贫困地区实现九年义务教育,进一步提高适龄儿童入学率。

加大科技扶贫力度。在扶贫开发过程中,必须把科学技术的推广和应用作为一项重要内容,不断提高科技扶贫水平。无论是种植业、养殖业还是加工业,都必须有先进实用的科学技术作为支持和保证。要充分利用科技资源和科技进步的成果,调动广大科技人员的积极性,鼓励他们到贫困地区创业,加速科技成果转化。要采取更积极的措施鼓励民间科研机构、各类农村合作组织和各类科研组织直接参加项目,在扶贫开发中发挥更重要的作用,并在科学技术推广工作中提高自身的水平,拓展更广阔的发展空间。各有关省、自治区、直辖市政府要安排资金,建立科技扶贫示范基地,注重示范效应,充分发挥科技在扶贫开发中的带动作用。

努力提高贫困地区群众的科技文化素质。提高群众的综合素质，特别是科技文化素质，是增加贫困人口经济收入的重要措施，也是促进贫困地区脱贫致富的根本途径，必须把农民科技文化素质培训作为扶贫开发的重要工作。切实加强基础教育，普遍提高贫困人口受教育的程度。实行农科教结合，普通教育、职业教育、成人教育统筹，有针对性地通过各类职业技术学校和各种不同类型的短期培训，增强农民掌握先进实用技术的能力。反对封建迷信，引导群众自觉移风易俗，革除落后生活习俗，不断发展社会主义精神文明。

积极稳妥地扩大贫困地区劳务输出。加强贫困地区劳动力的职业技能培训，组织和引导劳动力健康有序流动。沿海发达地区和大中城市要按照同等优先的原则，积极吸纳贫困地区劳动力在本地区就业。贫困地区和发达地区可以就劳务输出结成对子，开展劳务协作。输入地和输出地双方政府都有责任保障输出劳动力的合法权益，关心他们的工作、生活，帮助解决实际困难和问题。

稳步推进自愿移民搬迁。对目前极少数居住在生存条件恶劣、自然资源贫乏地区的特困人口，要结合退耕还林还草实行搬迁扶贫。要在搞好试点的基础上，制定具体规划，有计划、有组织、分阶段地进行；要坚持自愿原则，充分尊重农民意愿，不搞强迫命令；要因地制宜、量力而行、注重实效，采取多种形式，不搞一刀切；要十分细致地做好搬迁后的各项工作，确保搬得出来、稳得下来、富得起来。经济发达的省市要从全局出发，适当增加吸纳和安置来自贫困地区的迁移人口，并作为对口帮扶的一项重要措施来抓。各级地方政府要制定鼓励移民搬迁的优惠政策，处理好迁入人口和本地人口的关系,尽快提高迁入人口的收入水平和生活质量。县内的移民搬迁由县政府组织,跨县的由省级政府统一组织。要做好迁出地的计划生育和退耕还林还草工作,确保生态环境有明显改善。

鼓励多种所有制经济组织参与扶贫开发。地方各级政府要创造良好的政策环境和投资条件,吸引多种所有制经济组织参与贫困地区的经济开发。对于适应市场需要,能够提高产业层次、带动千家万户增加收入的农产品加工企业,能够发挥贫困地区资源优势并改善生态环境的资源开发型企业,能够安排贫困地区剩余劳动力就业的劳动密集型企业,能够帮助贫困群众解决买难、卖难问题的市场流通企业,国家给予必要的政策扶持。①

这一阶段扶贫开发的主要方式,是结合经济结构的调整方向以及市场的发展需求,支持贫困地区发展产业,通过多种方式增加贫困人口的经济收入。同时,不断改善贫困地区贫困对象的生产生活条件,加强贫困地区的基础设施建设和生态环境建设,发展产业、科技、教育、文化卫生事业,推动贫困地区社会的全面发展。

(二)扶贫开发的政策保障

为了实现新世纪扶贫开发的主要目标,《中国农村扶贫开发纲要(2001—2010年)》提出了相应的政策保障:进一步增加财政扶贫资金;加强财政扶贫资金的管理,努力提高使用效益;继续安排并增加扶贫贷款;密切结合西部大开发,促进贫困地区发展;继续开展党政

---

① 资料来源:《中国农村扶贫开发纲要(2001—2010年)》。

机关定点扶贫工作;继续做好沿海发达地区对口帮扶西部贫困地区的东西扶贫协作工作;进一步弘扬中华民族扶贫济困的优良传统,动员社会各界帮助贫困地区的开发建设;发展扶贫开发领域的国际交流与合作。

专栏 5-2 《中国农村扶贫开发纲要(2001—2010 年)》
关于扶贫开发工作的政策保障

进一步增加财政扶贫资金。中央财政和省级财政都必须把扶贫开发投入列入年度财政预算,并逐年有所增加。要进一步扩大以工代赈规模。要针对目前贫困地区财政困难的实际情况,加大财政转移支付的力度。

加强财政扶贫资金的管理,努力提高使用效益。中央财政扶贫资金主要用于扶贫开发工作重点县,适当支持其他贫困地区。财政扶贫资金(含以工代赈)实行专户管理。资金分配计划每年下达到有关省、自治区、直辖市,由地方根据扶贫开发规划统筹安排使用。中央和地方各级政府投入的财政扶贫资金,必须按照扶贫开发规划下达,落实到贫困乡、村,重点用于改变基本生产生活条件和基础设施建设。

继续安排并增加扶贫贷款。中国农业银行要逐年增加扶贫贷款总量,主要用于重点贫困地区,支持能够带动贫困人口增加收入的种养业、劳动密集型企业、农产品加工企业、市场流通企业以及基础设施建设项目。对各类企业到贫困地区兴办的有助于带动贫困户增加收入的项目,应视项目效益给予积极支持。在保障资金安全的前提下,适当放宽贫困地区扶贫贷款项目的条件,根据产业特点和项目具体情况,适当延长贷款期限。积极稳妥地推广扶贫到户的小额信贷,支持贫困农户发展生产。扶贫贷款执行统一优惠利率。优惠利率与基准利率之间的差额由中央财政据实补贴。

密切结合西部大开发,促进贫困地区发展。实施西部大开发要注意与扶贫开发相结合,着力带动贫困地区经济的发展。西部大开发安排的水利、退耕还林、资源开发项目,在同等条件下要优先在贫困地区布局。公路建设项目要适当向贫困地区延伸,把贫困地区的县城与国道、省道干线连接起来。西部基础设施建设项目,要尽量使用贫困地区的劳动力,增加贫困人口的现金收入。

继续开展党政机关定点扶贫工作。党政机关定点联系、帮助贫困地区,对支持贫困地区的开发建设,解决我国的贫困问题,以及转变机关作风,提高办事效率,密切党群关系,培养锻炼干部都有重要意义。要把这种做法作为一项制度,长期坚持下去。从中央到地方的各级党政机关及企事业单位,都要继续坚持定点联系、帮助贫困地区或贫困乡村。有条件有能力的,要结合干部的培养和锻炼继续选派干部蹲点扶贫,直接帮扶到乡、到村,努力为贫困地区办好事、办实事。

继续做好沿海发达地区对口帮扶西部贫困地区的东西扶贫协作工作。要认真总结经验,根据扶贫开发规划,进一步扩大协作规模,提高工作水平,增强帮扶力度。对口帮扶双方的政府要积极倡导和组织学校结对帮扶工作;鼓励和引导各种层次、不同形式的民间交流与合作。特别是要注意在互利互惠的基础上,推进企业间的相互合作和共同发展。

进一步弘扬中华民族扶贫济困的优良传统，动员社会各界帮助贫困地区的开发建设。要充分发挥民主党派和工商联、群众团体、大专院校、科研院所、人民解放军和武警部队等社会各界在扶贫开发中的重要作用。要积极创造条件，引导非政府组织参与和执行政府扶贫开发项目。企业可以通过捐赠资金，与非政府组织合作，共同参与扶贫开发。捐赠资金可以按照国家有关规定在税前列支，计入成本。逐步规范非政府组织开展的扶贫开发活动。欢迎海外、境外的华人、华侨及各种社团组织通过不同形式支持贫困地区的开发建设。

发展扶贫开发领域的国际交流与合作。继续争取国际组织和发达国家援助性扶贫项目。为保证其顺利执行，国家适当增加配套资金比例，对地方财政确有困难的可以全额配套。要根据贫困地区的特点，采取有针对性的措施，加强对外援项目的管理；努力提高外援贷款项目的经济效益，增强还贷能力。通过多种渠道、不同方式争取国际非政府组织对我国扶贫开发的帮助和支持。加强与国际组织在扶贫开发领域里的交流，借鉴国际社会在扶贫开发方面创造的成功经验和行之有效的方式、方法，进一步提高我国扶贫开发的工作水平和整体效益。[①]

随着《中国农村扶贫开发纲要（2001—2010年）》的实施，扶贫开发呈现出一些新的特点。第一，调整扶贫开发思路。将解决温饱问

① 资料来源：《中国农村扶贫开发纲要（2001—2010年）》。

题与巩固温饱成果并举;强调人力资源开发,在关注贫困人口收入的同时,也关注其发展问题;将区域瞄准的范围由贫困县转向贫困村,扶贫投资覆盖所有贫困村,让贫困人口直接受益;坚持开发式扶贫与探索建立农村社会保障体系相结合;推动贫困人口积极主动地参与扶贫项目的决策、实施、管理、评估过程。第二,进一步瞄准贫困群体。将国家重点扶持贫困县改为国家扶贫开发工作重点县,强化县一级的扶贫责任,要求这些县将扶贫开发摆在经济社会发展的突出位置;确定重点贫困村,将扶贫开发具体措施落实到贫困乡村;制定农村低收入贫困标准,确定农村低收入贫困人群,将其生活状况、地区分布、特征以及变化趋势等一并纳入监测范围;编制村级扶贫开发规划,借鉴国际扶贫经验,采取参与式的理念与方法,调动贫困农户参与规划;建立贫困人口档案,精准识别贫困人口,明确帮扶对象,逐户制定脱贫措施,实现信息化动态管理。[①] 第三,不断增加扶贫投入,提高扶贫资金的使用效益。探索具有中国特色的扶贫方式,如党政机关定点扶贫、东西部扶贫协作等。

二、实施整村推进

整村推进是为实现《中国扶贫开发纲要(2001—2010年)》目标所采取的一项关键措施。整村推进扶贫以贫困村为基础,广泛动员群众参与制定规划,分年实施,分期投入,分期分批解决贫困村的贫困问题。整村推进项目主要围绕农户生产生活方面的需求确定,包含种植业、养殖业、人畜饮水工程、新建以及扩建公路、技术培训、村小学设施、卫生室及设施等。整村推进的资金主要来源于以工代赈

① 龚冰:《中国新阶段农村扶贫开发的主要策略与效果评价》,《学术论坛》2007年第11期,第111—114页。

资金、财政发展资金、各相关行业发展资金以及少量的专项扶贫贷款。在整村推进开发过程中,强调将各项扶贫措施进村入户,解决农户最迫切的问题;注重发挥贫困群众在项目选定、实施、管理、监测与评价过程中的主体性作用;整合各方资金和力量,发挥综合效益。[①]整村推进以参与式规划为基础,集中资金、分期分批解决贫困村的贫困问题,不仅仅注重开发自然资源,还注重开发人力资源,尽可能地促使贫困人口参与,形成可持续的发展机制。[②]

(一)整村推进的主要内容

《中国农村扶贫开发纲要(2001—2010年)》明确提出:"以贫困乡、村为单位,加强基本农田、基础设施、环境改造和公共服务设施建设。2010年前,基本解决贫困地区人畜饮水困难,力争做到绝大多数行政村通电、通路、通邮、通电话、通广播电视。做到大多数贫困乡有卫生院、贫困村有卫生室,基本控制贫困地区的主要地方病。确保在贫困地区实现九年义务教育,进一步提高适龄儿童入学率。"[③]《中国农村扶贫开发纲要(2011—2020年)》明确提出:"结合社会主义新农村建设,自下而上制定整村推进规划,分期分批实施。发展特色支柱产业,改善生产生活条件,增加集体经济收入,提高自我发展能力。以县为平台,统筹各类涉农资金和社会帮扶资源,集中投入,实施水、电、路、气、房和环境改善'六到农家'工程,建设公益设施较为完善的农村社区。加强整村推进后续管理,健全新型社区管理和服务体制,巩固提高扶贫开发成果。贫困村相对集中的地方,可实行整乡推进、

① 龚冰:《中国新阶段农村扶贫开发的主要策略与效果评价》,《学术论坛》2007年第11期,第111—114页。

② 常艳、左停:《中国整村推进扶贫工作的总结及评议》,《甘肃农业》2006年第1期,第59页。

③ 资料来源:《中国农村扶贫开发纲要(2001—2010年)》。

连片开发。”[①]

1. 整合多部门资源与力量

整村推进扶贫开发整合各种资源,调动各方的力量,形成多部门资源与力量的整合优势,强调为贫困村提供脱贫发展的资源。

专栏5-3　整村推进扶贫开发工作,整合多部门资源形成合力

2005年8月4日,国务院扶贫开发领导小组办公室、中央精神文明建设指导委员会办公室、教育部、科技部、交通部、水利部、农业部、卫生部、国家广播电影电视总局、国家林业局等单位联合发出《关于共同做好整村推进扶贫开发构建和谐文明新村工作的意见》(国开办发〔2005〕62号),决定加强协调配合,紧紧围绕统筹城乡发展大局,发挥部门优势,形成合力共同促进“整村推进扶贫开发构建和谐文明新村”工作,并提出有关具体要求:

——精神文明建设部门要加强贫困村精神文明建设,努力将“西部开发助学工程”和“百县千乡宣传文化工程”惠及更多的农村贫困人口。在贫困地区积极倡导生态文明村建设。

——教育部门要加大“两基”攻坚力度,建设一批寄宿制学校,满足重点县和贫困村“普九”需要。在592个国家扶贫开发工作重点县全面实施“两免一补”。大力开展贫困村劳动力转移培训和实用技术培训工作,积极扩大贫困村学生接受职业教育的规模。

——科技部门要进一步加大科技扶贫力度,增加科技

① 资料来源:《中国农村扶贫开发纲要(2011—2020年)》。

扶贫投入，创新科技扶贫机制和手段，促进先进适用技术进村入户。“十一五”期间，在重点县和贫困村深入实施“星火富民科技工程”，支持重点县和贫困村的产业发展，加强科技扶贫能力建设。在贫困村广泛开展科技培训和科技普及，培养一批依靠科技脱贫致富的带头人，让贫困农户能够掌握一至两项先进适用技术。

——交通部门在“十一五”期间要重点支持中西部地区的乡村道路建设，优先将“整村推进”的贫困村列入建设范围。

——水利部门要支持贫困地区的农村饮水安全工程、水土保持工程和农田水利工程建设，加大工作力度，优先把项目安排到贫困村。

——农业部门要将符合条件的国家扶贫开发工作重点县和贫困村纳入农村沼气建设项目规划和退牧还草项目规划，加强在贫困地区的农业实用技术推广工作和劳动力转移培训工作。

——卫生部门要做好国家扶贫开发工作重点县的疾病控制体系、医疗救治体系和农村卫生服务体系建设工作；积极创造条件，把贫困村卫生室建设纳入规划；逐步把国家扶贫开发工作重点县纳入新型农村合作医疗试点范围；优先帮助贫困村培训乡村医生；加大力度开展对贫困村的巡回医疗工作，并加强对传染病和地方病的防治工作；协调相关部门，注意改善农村饮水、厕所等环境卫生条件。

——广播影视部门继续推进农村广播影视服务体系建设，继续实施广播电视村村通工程和电影“2131 工程”，不断提高广播电视村村通水平和电影“2131 工程”水平，探索建立以县为中心、乡镇为基础、覆盖农户的农村广播影视服务体系，实现村村通、户户通、长期通。

——林业部门在林业重点工程的实施过程中，要将符合条件的贫困地区尤其是贫困村作为建设的重点，通过工程的实施，逐步改善工程区范围内贫困地区特别是贫困村的农业生产条件和农村环境，为提高农业综合生产能力提供必要的保障。①

2008年5月13日，国务院扶贫开发领导小组办公室、中央精神文明建设指导委员会办公室、教育部、科技部、工业和信息化部、国土资源部、交通运输部、水利部、农业部、卫生部、国家广播电影电视总局、国家林业局、国家电力监管委员会等联合发布《关于共同促进整村推进扶贫开发工作的意见》(国开办发〔2008〕27号)，明确提出，在全面推进整村推进工作基础上，加大对人口较少民族尚未实施整村推进的209个贫困村、内陆边境48个国家扶贫开发工作重点县中距边境线25公里范围内尚未实施整村推进的432个贫困村(其他边境县可参照执行)以及592个国家扶贫开发工作重点县中307个革命老区县的尚未实施整村推进的24008个贫困村等三类地区贫困村的整村推进工作力度。

专栏5-4　整村推进扶贫开发工作，进一步深化与整合部门合力

《关于共同促进整村推进扶贫开发工作的意见》要求：各有关部门要立足行业特点，发挥部门优势，相互配合，形成合力，推动实施整村推进扶贫规划，促进抓好基础设施、

① 资料来源：《国务院扶贫办等关于整村推进扶贫开发工作意见》。

产业发展、社会事业、文化素质和基层组织等重点建设内容；要把"三个确保"纳入本部门和本行业发展的规划，明确建设目标和任务。

——精神文明建设部门要以提高农民文明素质为目标，以文明村镇创建活动为载体，以理想信念教育、树立文明新风、整治脏乱环境、建立服务体系为重点，着力培育新农民，倡导新风尚，营造新环境，建设新文化，进一步加强农村精神文明建设。要深入开展创建文明生态村、星级文明户、文明信用户、文明小城镇活动。深化以城带乡、城乡共建、连片创建、结对共建等活动。积极探索服务"三农"的途径和办法，继续实施电视进万家工程，多办好事实事。

——教育部门要坚持公共教育资源向农村、中西部地区、贫困地区、边疆地区、民族地区倾斜。在今后实施的教育专项工程中，继续对"三个确保"贫困村予以倾斜支持；在进一步完善农村义务教育经费保障机制改革政策时，与相关部门对"三个确保"贫困村的特殊问题认真调查研究，采取有效措施帮助解决。

——科技部门要进一步加大科技扶贫力度，增加科技扶贫投入，创新科技扶贫机制和手段，促进先进适用技术进村入户。在贫困村广泛开展科技培训和科技普及，培养一批科技致富的带头人，让贫困农户能够掌握 1 至 2 项先进适用技术。加强科技扶贫示范村建设，通过科技投入，引进新技术、新品种，培育特色增收产业。

——信息产业部门继续推进农村通信及信息化进程。进一步实施"村村通电话"工程，继续推进自然村通电话工程，加快建设乡镇宽带互联网。加强农村信息服务的普及推广,研究制定针对农民的优惠资费,开发贴近农民需求的信息内容和信息产品。进一步深化农村信息化综合信息服务试点工作,充分发挥信息大篷车的作用,加强培训基地和信息服务站点建设,做好有关培训工作,组织协调促进形成支撑和服务农村信息化的产业链。继续配合做好全国农村党员干部现代远程教育工作。继续推进"新一代农村卫星电视安全接收系统试点村(县)"的建设,探索建立有效的工作机制,推动在全国农村边远地区的推广应用。引导和支持企业开发适合农村需要的普及型数字电影放映设备,务实推进农村数字化广播电影电视综合服务体系建设。继续做好藏文软件开发专项的各项后续工作,与西藏自治区配合加强专项成果的推广应用,推动规范西藏藏文软件市场,加强藏文信息化人才培养。

——国土资源部门要积极支持贫困地区进行土地整理开发,增加耕地面积,提高耕地质量,改善生产生活条件,促进新农村建设和城乡统筹。加强矿产勘查开发。支持干旱缺水地区地下水资源勘查。开展地质灾害防治工作。

——交通运输部门积极支持全国乡镇、建制村通公路建设,包括农村公路渡口码头改造、渡改桥建设和乡镇客运站建设。到"十一五"期末基本实现全国所有乡镇通沥青(水泥)路,东、中部地区所有具备条件的建制村通沥青(水泥)路,西部地区基本实现具备条件的建制村通公路。其中,对于革命老区、民族地区、边疆地区、贫困地区农村公路建设,将采取进一步的倾斜优惠措施,凡符合规划的项目优先纳入中央投资计划,凡具备开工建设条件的项目优先纳入年度预算和投资计划。

——水利部门要进一步加大水利扶贫工作力度，继续支持贫困地区的病险水库除险加固工程、农村饮水安全工程、水土保持工程、农田水利及农村水电等民生水利建设，对贫困村的项目安排予以优先。

——农业部门要加强国家扶贫开发工作重点地区的农业基础设施建设，积极推进产业开发式扶贫，提高贫困地区和贫困人口的自我发展能力。充分发挥贫困地区生态环境和自然资源优势，重点扶持其发展农业特色产业，建立和完善特色产业良种繁育体系和标准化生产示范基地。加大贫困地区的科技推广力度，积极开展科技入户、实施测土配方施肥等项目，提高贫困地区农业科技贡献率；广泛开展新型农民科技培训和农村劳动力转移培训，提高贫困地区农民的生产技能和就业技能，促进其持续增产增收。大力发展农业产业化，积极组织农户发展专业合作组织，扶持一批带动能力强的龙头企业，鼓励贫困地区“一村一品”发展。引导支持开发农产品认证。加快建设农产品质量检验检测体系和农业市场信息体系建设，搞好重大动植物疫病防控。加大沼气工程和退牧还草项目实施力度，努力改善贫困地区农牧民的生产生活条件，恢复和优化生态环境，实现可持续发展。

——卫生部门要加强国家扶贫开发工作重点地区的农村卫生服务体系建设工作，并积极创造条件，加强重点地区贫困村卫生室建设；确保新型农村合作医疗制度全面覆盖重点地区广大农村居民；支持重点地区的贫困村培训乡村医生，开展对重点地区贫困村的巡回医疗、传染病和地方病防治工作；协调相关部门，尽快改善重点地区的农村饮水、厕所等环境卫生条件。

——广播影视部门继续以村村通工程、农村电影放映工程等重点工程为载体,加大对贫困地区的广播影视基础设施建设的投入,加强农村尤其是贫困村广播电视覆盖和电影放映工作。完成农村中央广播电视节目无线覆盖工程建设,扎实推进20户以上已通电自然村广播电视村村通;落实一村一月一场电影的公益服务目标,加大政府投入,加快数字化放映进程,落实政府财政补贴机制,提高服务质量,逐步使农村特别是贫困村群众能收看到多套广播电视节目和多题材、多类别、高质量的电影节目。加快构建以县为中心、乡镇为基础、覆盖农户的农村广播影视公共服务体系,实现村村通、户户通、长期通。

——林业部门在天然林保护、退耕还林、防护林建设及防沙治沙等林业生态重点工程中,要将符合条件的贫困地区尤其是贫困村作为建设的重点,积极倡导农村生态文明,加强村屯绿化、庭院绿化、乡村绿色通道、农村生态治理,逐步改善工程区范围内贫困地区特别是贫困村的生产生活条件,为提高农业综合生产能力提供必要保障;要通过发展速生丰产林、珍贵用材林、木本粮油、竹藤花卉、经济林果、野生动植物繁育、林产品加工、林副产品采集、生态旅游、木浆造纸等十大林业产业,促进贫困地区农村产业结构向科学化、立体化、多元化方向发展,提高贫困地区和贫困人口自我发展能力。

——电力部门要把贫困村的通电纳入国家农网完善工程,在具备条件的村寨开展电力普遍服务,实现户户通电。对不适合通过工程措施实现整村通电的地方,要采用新能源,逐步实现分户用电。

——扶贫部门要为上述部门在重点县和贫困村开展工作创造条件,提供支持,给予配合,积极开展信息沟通与协调工作。凡是按照“整村推进”规划安排的部门项目,扶贫资金可根据建设内容配套安排,重点支持基础条件改善和主导产业、特色产业发展。①

2. 加强整村推进的资金投入

随着整村推进扶贫工作的开展,中央扶贫资金投入规模以及范围逐渐增大,扶贫与财政等部门与对口部委的联系沟通逐渐增强,扶贫资金的支持力度以及支持范围逐渐加大。2007 年 7 月 31 日,国务院扶贫办、财政部发布《关于开展“以县为单位、整合资金、整村推进、连片开发”试点的通知》(国开办发〔2007〕39 号),加强对整村推进的资金投入及资金管理。

专栏 5-5 开展“以县为单位、整合资金、整村推进、连片开发”试点工作

(一)试点的主要内容

探索连片开发、综合治理的方式。在重点县内选择贫困乡村集中连片的区域,根据扶贫开发规划和现代农业发展规划,围绕促进区域经济发展和增加贫困人口收入目标,以发展优势特色产业为重点,制定整村推进、连片开发的规划,争取在 1—2 年时间内,使该区域贫困面貌有明显改善,自我发展能力有较大提升。

① 资料来源:《关于共同促进整村推进扶贫开发工作的意见》。

探索资金整合的有效途径和措施。由试点省和县根据整村推进、连片开发规划,对投入到县的财政扶贫资金与其他涉农项目资金进行整合,集中投入,统一管理使用。

(二)试点县的选择

试点县应为国家扶贫开发工作重点县。县委、县政府高度重视;对试点工作有积极性;扶贫、财政部门力量较强、能够密切配合。

试点县能够整合资金,扶贫资金和项目管理情况良好。

试点县有明确的发展规划和扶贫规划;有能够带动区域经济发展和贫困农户发展生产增加收入的主导产业或支柱产业;有未实施整村推进的贫困村相对集中的片区。

每个试点省(区、市)选择1个重点县,具体县由各省(区、市)综合考虑上述因素确定。

(三)资金安排和使用要求

中央从财政扶贫资金中给每个试点县安排950万元或1000万元的试点补助资金。

试点省、市、县要积极整合其他涉农资金用于连片开发。整合资金的情况是试点工作考核的主要内容之一。

试点资金主要用于支持当地优势特色产业的发展和改善基本生产生活条件方面的建设。

要积极创新财政资金使用管理方式,综合采取以奖代补、贴息、担保等方式开展试点工作。

加强资金和项目管理。按照相关规定,严格实行资金报账制、政府采购制度,以及项目招投标制。

随着整村推进扶贫资金投入力度的不断增大,项目资金的管理显得尤为重要。2011年7月11日,财务部与国务院扶贫办印发《中央专项彩票公益金支持贫困革命老区整村推进项目资金管理办法》(财农〔2011〕152号),规范中央专项彩票公益金支持扶贫事业项目管理,提高项目资金的使用效益。

专栏5-6 中央专项彩票公益金支持贫困革命老区整村推进项目资金的使用范围

(一)贫困村基础设施建设。主要包括:村级道路建设;小型农田水利设施建设;石坎梯地、土坎梯地、旱地改良等农田基本建设等。

(二)贫困村环境和公共服务设施建设。主要包括:改灶、改厕、改圈、改厨、建沼气和建院坝;人畜饮水池、垃圾处理设施等。

(三)产业发展。主要包括:建立村级发展互助资金;发展和培育农业特色优势产业;围绕产业发展开展适用技术推广、培训;依托农业发展休闲旅游以及红色旅游等。①

(二)整村推进的成效及典型案例

整村推进扶贫政策的实施取得显著成效,涌现了一批典型案例。整村推进工作的成效主要体现在以下几个方面:第一,更加准确地瞄准贫困群体。在综合扶贫新阶段中,贫困人口的分布发生了变化,重点县覆盖的贫困人口只有55%,而重点村集中了80%左右的贫困人口,实施整村推进工作能够有效地瞄准贫困人口,重点解决贫困问

① 资料来源:《中央专项彩票公益金支持贫困革命老区整村推进项目资金管理办法》。

题。第二,扶贫工作有效进村入户。在解决贫困地区基础设施建设匮乏的问题,完善农业服务体系建设的同时,需要解决扶贫开发"最后一公里"的问题,即关系农民生产、生活切身利益的问题。整村推进工作能够实现扶贫资金、项目有效地进村入户,满足贫困村以及贫困对象的生产生活发展需求。第三,有效整合扶贫资源。整村推进工作促进了部门合作,有效整合资金,集中力量有效扶贫。第四,切实解决了贫困村的贫困问题,减少了贫困人口,取得了较好的实践成效。[①]

案例 5-1 实施"整村推进",加快脱贫步伐

到2006年底,贵州省已在3442个贫困村开展了整村推进扶贫并取得了显著成效。当地农户生产生活条件明显改善,增收门路不断增多,自身素质逐步提高,村容村貌日新月异,涌现出了一大批温饱村、专业村和文明村。纳雍县红星村、兴义市冷洞村、思南县东瓜溪村、雷山县排里村、六枝特区高兴村等一类贫困村还被评为2005年度全国"整村推进扶贫开发先进村"。

贵州省确定有扶贫开发任务的县(市、区)83个,其中有50个是国家新阶段扶贫开发重点县;重点乡镇934个,其中最贫困一类乡镇100个;重点贫困村13973个,其中一类重点贫困村5486个。

自新阶段扶贫开发以来,贵州省扶贫开发工作的重点转向贫困乡村特别是一类贫困乡村。2003年,省委九届三次会议作出《关于加大新阶段扶贫开发工作力度的决定》,

① 田永胜:《以"整村推进"提高扶贫成效——访国务院扶贫办主任刘坚》,《光明日报》2005年5月30日。

提出对100个一类重点乡镇进行重点倾斜扶持，同时每年实施1000个村以上贫困村整村推进扶贫开发，首先在一类重点乡镇的贫困村开展。2004年，贵州省全面开展“百乡千村”扶贫工程，列为每年扶贫开发的重中之重。

在整村推进扶贫开发工作中，贵州省突出重点，因地制宜，围绕帮助贫困农户改善基本生产生活条件、拓宽基本增收门路、提高基本素质这“三个基本”，集中人、财、物力扶持，全面改变贫困村落后面貌。大力抓好路、水、电、气、讯“五通”工程，加强基本农田和“三小”水利工程建设，改善教育和卫生条件，加大各渠道资金项目配套建设，着力改善贫困乡村基本生产生活条件；整合各类资金加大投入力度，通过示范、项目带动等扶持方式，大力发展特色农产品，帮助贫困人口增加非农收入；大力推广农业实用技术培训，加快农村信息化建设，使农民的观念和技能得到明显转变和提高。“十五”期间，贵州省共投入各类扶贫资金100多亿元，实施到村到户扶贫项目4万余个，涉及种养业、人畜饮水、茅草房改造、农电改造、技能培训等领域，直接帮助贫困群众种植杂交水稻和玉米404.8万亩，新建及改建公路41479.2公里，新增基本农田142.1万亩，修建小水池14.5万口、沼气池3.9万口，新修贫困村综合服务室296万平方米，完成贫困地区农民实用技术培训1500余万人次。5年来，共有200余万农村人口解决温饱问题，净减少47万绝对贫困人口和92万低收入贫困人口。

整村推进与整乡推进相结合，大力实施“百乡千村”扶贫工程，是贵州省新阶段扶贫开发的新举措。2001年至2006年，累计投入100个一类重点乡镇各类扶贫帮扶资金

10.17亿元,村均扶持资金67万元。共解决21.42万贫困人口的温饱问题,净减少绝对贫困人口15.65万,减少低收入贫困人口17万。据统计,一类重点乡镇和整村推进的贫困村减少贫困人口比例和速度,明显高于50个重点县和全省平均水平。2006年,一类重点乡镇农民人均纯收入达1008元,比2001年增长28.71%,年均增长9.51%。到2006年底,有1213个行政村通公路,1465个行政村通电,497个村有远程教育接收点,722个村通电话,590个村有综合服务室。

图5-1 贵州省六盘水市六枝特区梭戛乡高兴村

例如,高兴村是贵州省一类重点贫困乡。2002年,全村人均纯收入不足600元,83%的人口处于贫困线以下。新阶段扶贫开发以来,六枝特区按照整村推进战略思路,在该村先后实施了“放母还犊”、杂交玉米、脱毒洋芋、沼气池、乡村道路建设、人畜饮水、农村电网改造、易地扶贫搬迁等扶贫项目,使高兴村发生了巨变。2005年,农民人均占有粮食从 2002 年的 205 公斤增加到 325 公斤，增长 58.5%，农民人均纯收入从 510 元增加到 1258 元，增长 2.47 倍，全村实现了整体脱贫。[①]

整村推进扶贫工作改善了贫困村的基本面貌，完善了贫困村的基础设施建设，推动了贫困村的产业发展，增强了贫困对象的人力资本建设，提升了贫困村摆脱贫困的能力。

案例 5-2　推行“整村推进”连片开发，提升贫困群众幸福指数

陕西省扶贫开发重点村——彬县(今彬州市)太峪镇姜家坡村，如今处处呈现出一派新农村建设的新景象。这里有平坦硬化的通户路，青砖灰瓦的民居，崭新的太阳能路灯，新建的温室大棚。屋前建有花坛，屋后有沼气池，村里还新建了图书室、卫生室、超市、群众健身广场……

“在政府的帮助下，村容村貌整洁了，基础设施改善了，致富产业发展了，幸福指数提高了，群众心劲高涨了，全村 2011 年人均纯收入达到了 5500 元，较 2007 年增加了 3700 元。”谈起姜家坡村的变化，村民刘崇民难以掩饰心中的喜悦。

这是陕西省近年来实施整村推进、连片开发扶贫项目，从根本上加快群众脱贫致富步伐的一个缩影。

资源整合，小资金撬动大投入

“过去走的是羊肠道，吃的是集雨窖，不仅行路难，吃水也难，全村破旧房屋占到了 80%。由于没有能力改变现状，

① 赵勇军、安晓茂:《贵州整村推进与整乡推进相结合加快扶贫开发步伐》,《贵州日报》2007 年 4 月 4 日。

群众发展产业更没了心劲,纷纷外出打工不愿回来。”旬阳县小河镇膀子村周会民说。

截至2000年底,全省国家级贫困县达到50个,省级贫困县达到27个,贫困人口达到817万人,贫困地区农民年人均纯收入1125元。为有效改善贫困地区群众生存条件,陕西省从2001年开始制定了农村扶贫开发十年规划(2001—2010年),在全省确定了10700个扶贫开发重点村,并设立了重点村的投资标准:对千人以上的行政村,投入财政扶贫资金30万元;千人以下的行政村,投入财政扶贫资金25万元,全面拉开了实施整村推进扶贫项目的帷幕。

然而,一个村仅投入25万元至30万元的财政扶贫资金,很难收到成效。为有效破解资金短缺的难题,省委、省政府又出台政策,把资源整合、板块开发、整村推进扶贫的各项任务分解落实到部门,极大地缓解了重点村建设投入不足的矛盾。

彬县太峪镇姜家坡重点村财政扶贫资金投入了30万元,通过捆绑各涉农部门项目资金,全村累计整合资金达到500万元。充足的项目资金,使昔日全县的“烂杆村”,一跃成为全县新农村建设的样板村。

截至2010年底,全省共投入财政扶贫资金27.5亿元,整合各类项目资金70亿元,累计启动实施了9960个扶贫开发重点村建设项目。

整村推进,群众致富后劲十足

搞好基础设施建设是发展农村经济,提高贫困地区群众生活质量的物质基础。陕西省先后重点实施了乡村道路建设、人畜饮水和院落整治，以及改厕、改圈、改灶等基础设施项目，不仅使重点村的面貌发生较大改观，也大大增强了群众致富思富的后劲。

彬县太峪镇寺家庄村通过整村推进项目实施，不仅全村实现了水泥路、太阳能路灯、两委会新基地、村级广场、卫生室、超市、农家书屋、治安调解室的“八进村”，还实现了自来水、太阳能热水器、厕所、有线电视、网络、洗澡间等“六入户”。全村苹果产业由项目实施前的200多亩发展到目前的2000多亩。农民年人均纯收入由2008年的1600元增加到2010年的5800元。

在山阳县银花镇五色沟村，通过项目实施，全村发展核桃产业达1860亩，户均达6亩。村民闵根林通过种植核桃和外出务工，全家2011年现金收入达5万多元。“美丽的村落是我家，这里居住的环境如今不比城里差。”闵根林对整村推进项目溢满赞誉。

据统计，经过10年的共同努力，全省启动实施的扶贫重点村共新修、改建村级道路54606公里，新修桥涵5835座，新修改造恢复人畜饮水工程2405处，修建机井2.6万眼，埋设输水管道4750公里，改造低压输变电线路1332公里。2010年全省贫困地区农民年人均纯收入达到3617元，是2000年的3.2倍，年均增长12.4%。

连片开发，贫困村变成新农村

实行整村推进、连片开发、综合治理，是新阶段扶贫开发工作的一大创新，也是提升扶贫整体效果的有效途径。2007年国务院扶贫办、财政部开展了“县为单位、整合资金、整村推进、连片开发”试点工作，每村的投资达到300万元以上。整村推进和连片开发项目的实施,使贫困村基础设施条件得到了明显改善,产业开发有了长足发展,群众收入显著增加,为贫困地区新农村建设奠定了坚实基础。

地处渭北黄土高原沟壑区的旬邑县,自2007年连片开发试点项目实施以来,全县完成投资4961.6万元,建成南部、东部和中部塬区三大版块6个镇区、20个集中连片示范村,辐射带动70个村实现了整村推进目标,成为全县新农村建设的一道亮丽风景线。

旬阳县小河、公馆、红军等9个乡镇21个贫困村,属该县连片的最贫困边远地区。自2009年以来,该县启动实施整村推进、连片开发试点项目,累计整合各类涉农项目资金2.01亿元,其中心项目区的“百里贫困带”已呈现出“和谐新村示范区”“自然风光观光区”“红色革命旅游区”和“循环农业样板区”的惊人变化。

2007—2009年,陕西省先后有旬邑、山阳、子长等9个县(区)被列为国家连片开发试点县。2010年,又将商南、岚皋、淳化6个县(区)列入试点县范围,每个县投入财政扶贫资金1200万元,对10—15个集中连片贫困村进行“统一规划、综合治理、整体推进”。同时,省本级还专项安排2500万元财政扶贫资金,扶持彬县、合阳、西乡、汉滨、丹凤等5县(区)开展省级连片开发试点。全省农村贫困人口由2000年的817万减少到2010年的246万,贫困人口占农村人口的比例由33.1%下降到11.5%。[①]

① 程伟:《陕西实施整村推进连片开发提升贫困地区群众幸福指数》,《陕西日报》2012年2月3日。

整村推进是扶贫开发的有效方式之一。整村推进扶贫开发模式具有以下特点：第一，整合资源。以贫困行政村为单位，整合各种资源，调动各方力量，发挥各自优势，汇聚“大扶贫”能量，实施全方位、整体式扶贫。第二，发展生产。发展生产是农民增加收入、脱贫致富的可靠途径，是整村推进扶贫开发的重中之重。第三，强化培训。治穷先治愚，扶贫先扶智，通过扶贫培训提升贫困农民素质，促进贫困农民就业是整村推进扶贫开发的重要内容。第四，加大投入。随着扶贫标准调整、扶贫范围扩大，扶贫投入规模逐渐增加。

三、推进产业扶贫

产业扶贫是以增加农民收入为主要目标，通过扶持和培育龙头企业，促使贫困地区调整农业产业结构，构建骨干产业，推动区域经济发展的一种重要扶贫模式。《中国农村扶贫开发纲要(2001－2010年)》明确提出将积极推进农业产业化经营作为新阶段扶贫开发的重要内容和途径。

(一)产业扶贫的主要内容

产业扶贫是促进贫困地区发展、增加贫困农民收入的有效途径，是扶贫开发的战略重点和主要任务，是帮助贫困地区解决生存和发展问题的重要举措，是实现扶贫由“输血型”向“造血型”转变的重要方式。《中国农村扶贫开发纲要(2001－2010年)》对产业扶贫的主要内容进行了具体的阐述：

专栏5-7 《中国农村扶贫开发纲要(2001－2010年)》
关于产业扶贫政策的主要内容

继续把发展种养业作为扶贫开发的重点。因地制宜发展种养业,是贫困地区增加收入、脱贫致富最有效、最可靠的途径。要集中力量帮助贫困群众发展有特色、有市场的种养业项目。贫困地区发展种养业,要以增加贫困人口的收入为中心,依靠科技进步,着力优化品种、提高质量、增加效益;要以有利于改善生态环境为原则,加强生态环境的保护和建设,实现可持续发展。帮助贫困户发展种养业,一定要按照市场需求,选准产品和项目,搞好信息、技术、销售服务,确保增产增收。要尊重农民的生产经营自主权,注重示范引导,防止强迫命令。

积极推进农业产业化经营。对具有资源优势和市场需求的农产品生产,要按照产业化发展方向,连片规划建设,形成有特色的区域性主导产业。积极发展"公司加农户"和订单农业。引导和鼓励具有市场开拓能力的大中型农产品加工企业,到贫困地区建立原料生产基地,为贫困农户提供产前、产中、产后系列化服务,形成贸工农一体化、产供销一条龙的产业化经营。加强贫困地区农产品批发市场建设,进一步搞活流通,逐步形成规模化、专业化的生产格局。①

农村扶贫开发第一个十年纲要为产业扶贫指明了方向。随着扶贫开发的推进,产业扶贫政策逐渐完善。2011年出台的《中国农村扶贫开发纲要(2011－2020年)》进一步强调产业扶贫的重要性,进

① 资料来源:《中国农村扶贫开发纲要(2001－2010年)》。

一步完善产业扶贫政策。

专栏 5-8 《中国农村扶贫开发纲要(2011—2020 年)》
关于产业扶贫政策的主要内容

充分发挥贫困地区生态环境和自然资源优势,推广先进实用技术,培植壮大特色支柱产业,大力推进旅游扶贫。促进产业结构调整,通过扶贫龙头企业、农民专业合作社和互助资金组织,带动和帮助贫困农户发展生产。引导和支持企业到贫困地区投资兴业,带动贫困农户增收。

发展特色产业。加强农、林、牧、渔产业指导,发展各类专业合作组织,完善农村社会化服务体系。围绕主导产品、名牌产品、优势产品,大力扶持建设各类批发市场和边贸市场。按照全国主体功能区规划,合理开发当地资源,积极发展新兴产业,承接产业转移,调整产业结构,增强贫困地区发展内生动力。

产业扶持。落实国家西部大开发各项产业政策。国家大型项目、重点工程和新兴产业要优先向符合条件的贫困地区安排。引导劳动密集型产业向贫困地区转移。加强贫困地区市场建设。支持贫困地区资源合理开发利用,完善特色优势产业支持政策。①

2012 年,国务院扶贫办、农业部等部门联合印发了《关于集中连片特殊困难地区产业扶贫规划编制工作的指导意见》(国开办发〔2012〕93 号),指导各地编制产业扶贫规划。

① 资料来源:《中国农村扶贫开发纲要(2011—2020 年)》。

专栏5-9 《关于集中连片特殊困难地区产业扶贫规划编制工作的指导意见》关于产业扶贫政策的主要内容

(一)产业基地建设。以比较优势资源为依托,传统产业和现代农林业相结合,积极引导土地流转和退耕还林,着重建设种苗(种畜)基地、推广示范基地(区)和种养基地。大力发展林下经济。逐步建立集约化、优质、可持续发展的农林产业和乡村旅游等基地。

(二)配套设施建设。以提升产业发展水平为目标,以完善农林作业路、小水利为重点,围绕产业基地建设,着重解决项目区内农林作业道路、灌溉、现代农林机具、施肥、防害(虫、火)、环保等配套设施建设。

(三)经济合作组织建设。以提高扶贫对象产业参与度为宗旨,着力建设专业合作社、互助资金等组织,专业合作、互助合作和股份合作等形式多种多样的经济合作组织,培育龙头企业,支持农村小微企业、国有林场、种养大户和农村经纪人,形成片区产业扶贫的组织体系。

(四)扶贫对象能力建设。以提高扶贫对象参与产业发展能力为目的,以技能培训为手段,围绕生产基地建设所需的生产技能,发挥各行业部门技术力量的优势,整合社会培训力量,组织开展针对性的技能培训。

(五)科技支撑体系建设。以提升扶贫产业科技水平,促进持续发展为目的,支持重大益贫性生产技术的研发,注重建设一批重大增产性技术措施推广服务中心。[①]

---

① 资料来源:《关于集中连片特殊困难地区产业扶贫规划编制工作的指导意见》。

2012年10月23日，农业部印发《农业部关于加强农业行业扶贫工作的指导意见》(农计发〔2012〕42号)，对农业行业扶贫作出了全面部署，强调要发展农业产业化经营，形成完善的产业发展链条，提高农产品的市场竞争力，增加农户收入。

专栏5-10 《农业部关于加强农业行业扶贫工作的指导意见》关于产业扶贫政策的主要内容

加快推进产业化经营。切实加大对农业产业化龙头企业的扶持力度，完善扶持政策，强化指导服务，不断增强龙头企业辐射带动能力。加快发展农民专业合作社，通过引导农民专业合作社依法办社、支持加工冷链等设施建设，进一步提高农民专业合作社自身实力、发展活力和带动能力。支持粮油、林果、畜禽水产等特色农产品加工，不断延伸产业链条，提升优势特色农牧产品市场竞争力。①

(二)产业扶贫的成效及典型案例

产业扶贫为扶贫开发注入了动力。产业扶贫通过发展产业，实现扶贫从“输血”到“造血”的转变。产业发展是经济活动，需要遵循市场规律，按照市场需求发展特色产业，按照市场需求发挥龙头企业、合作社等新型经营主体的带动作用，形成产业与贫困户的利益联结机制，让贫困户参与生产、实现就业，让贫困群众获得持续的发展机会，分享产业发展的红利，提升贫困人口的自我发展能力。产业扶贫政策的成效体现在以下几个方面：第一，增加了贫困对象的收入。产业扶贫是增加贫困人口收入的有效途径。产业扶贫政策强调立足

① 资料来源：《农业部关于加强农业行业扶贫工作的指导意见》。

贫困地区的资源禀赋来发展特色产业,因地制宜规划发展特色产业,加快培育优势特色主导产业,拓宽贫困对象的增收渠道,增加贫困对象的经济收入。第二,优化了产业结构。产业扶贫是一项系统工程,通过产业扶贫,发展特色优势产业,培育特色主导产业以及脱贫增收支柱产业,我国贫困地区建立了较完善的产业体系,扩大了产业发展规模,优化了产业结构,促进了产业发展,带动了农民增收。第三,带动了贫困农户参与发展。产业扶贫注重增强贫困农户的脱贫致富能力,提升贫困农户参与脱贫发展的积极性,为实现“输血式”脱贫向“造血式”脱贫转变奠定了重要基础。

案例5-3　产业扶贫闯新路,农民增收促脱贫

云南泸水县(今泸水市)创新扶贫方式,把扶贫工作重点转向龙头企业、能人带动,发展产业,保护生态。经过3年努力,全县核桃、草果、甘蔗、咖啡、乌骨鸡、黑山羊等种养基地初具规模,部分产业初见成效,农民人均收入增长150元,解决2589人温饱,为边疆民族贫困地区扶贫工作闯出新路。

泸水县少数民族人口比例达93%,贫困程度深,农业生产方式粗放落后。2003年,人均年收入仅860元。为尽快实现脱贫,促进农民增收,县里将扶贫方式由“输血”向提高自身“造血”机能转变。县委、县政府及扶贫部门根据贫困村已通公路的实际,及时转变扶贫工作重点,着力扶持发展农村经济产业。按照一乡一业、一村一品的要求和怒江傈僳族自治州百万林果、百万药材、百万商品畜基地建设战略,因地制宜发挥特色优势,采取多种措施,扶持发展农村产业,并以此作为扶贫整村推进的重点项目。县乡扶贫部

门根据当地山高坡陡、温湿度高、荒地多的条件以及市场需求和群众意愿，规划了产业项目，在资金、种苗、科技、经营上给予扶持。

该县还以当地龙头企业和能人带动扶贫产业开发，采取农户用土地入股、公司负责种植管理的经营模式，建设核桃标准基地6000余亩。上江乡以能人盖四益订单收购方式，带动300多户种植草果，年创产值600多万元。老窝乡的当地养殖场将优质仔猪、黑山羊分给农户饲养，养殖场负责技术指导和防疫，回购肥猪和成羊，分散饲养与规模化经营结合，起到很好的产业扶贫效果。

沿江一带的上江乡、六库镇，重点发展热区作物甘蔗、咖啡、柑橘、香料烟，依托保山芒宽乡糖厂，建起2万亩甘蔗基地，带动6个村脱贫。省级龙头企业规模化开发咖啡种植5000亩，近百户山区群众迁入开发区成为新农工。鲁掌、老窝、称杆、古登、大兴地乡利用荒山坡地，种植核桃、草果、花椒、油桐，同时发展山羊、肉牛、乌骨鸡养殖。2006年以来，县扶贫办投资289万元用于产业开发，占扶贫项目总投资的47%，新增核桃2.6万亩、草果1550亩、漆树4900亩，连年扩大种植规模，全县现已种植泡核桃近3万亩、草果1.5万亩、漆树5300亩，基本上实现村村有基地、户户有林果。农民人均年收入增加到1243元，产业扶贫产生了长远经济成效。[①]

① 刘为民:《泸水县产业扶贫闯新路》,《农村实用技术》2007年第10期,第4页。

四、强化对口帮扶

对口帮扶是先富帮后富、实现共同发展的扶贫开发政策。对口帮扶主要是以东部沿海省、市以及计划单列市对口帮扶西部的贫困省、区的形式,通过扶贫援助、经济技术合作以及人才交流等方面多层次、全方位的合作,助推对口帮扶的贫困省、区实现脱贫发展。对口帮扶政策是中国特色社会主义制度优势的集中体现。

(一)对口帮扶的起源与背景

《国家八七扶贫攻坚计划(1994－2000年)》要求:“从1994年到2000年,集中人力、物力、财力,动员社会各界力量,力争用7年左右的时间,基本解决目前全国农村8000万贫困人口的温饱问题。”为了实现这一战略目标,明确要求“北京、天津、上海等大城市,广东、江苏、浙江、山东、辽宁、福建等沿海较为发达的省,都要对口帮助西部的一两个贫困省、区发展经济”。

1995年9月,中国共产党十四届五中全会通过的《中共中央关于制定国民经济和社会发展“九五”规划和2010年远景目标的建议》作出了东部经济发达地区要采取对口支援等多种形式帮助中西部地区和民族地区发展经济的规定。

1996年10月,《中共中央、国务院关于尽快解决农村贫困人口温饱问题的决定》颁布,进一步强调和部署对口帮扶工作,确定沿海发达省市对口支援西部贫困省区的具体安排:北京帮内蒙古,天津帮甘肃,上海帮云南,广东帮广西,江苏帮陕西,浙江帮四川,山东帮新疆,辽宁帮青海,福建帮宁夏,深圳、青岛、大连、宁波帮贵州。扶持西藏和支援三峡的工作,按照中央原有的安排,继续执行。同时要求“对口帮扶的任务要落实到县,协作要落实到企业和项目。组织富裕县和贫困县结成对子,进行经济合作,开展干部交流。动员富裕县的企业到西部贫困县去,利用人才、技术、信息、市场、管理、资金等各种优势,在互利互惠的基础上与贫困县共同开发当地资源。省一级对口帮扶的双方,要做好协调组织工作”。至此,东西扶贫协作在全国23个省、区、市正式启动。东西部扶贫协作政策是党和国家组织动员东部经济较为发达的省、市,对西部欠发达地区或部门提供经济援助和技术人才援助,从而实现东西部优势互补、缩小差距,促进贫困地区发展和贫困人口脱贫致富的一项扶贫政策。

(二)对口帮扶的主要内容

《中国农村扶贫开发纲要(2001—2010年)》对对口帮扶提出了明确、具体的要求,要求沿海发达地区与对口帮扶的西部贫困地区展开多层次的交流与合作,构建对口帮扶的初步框架体系。

专栏5-11 《中国农村扶贫开发纲要(2001—2010年)》
关于对口帮扶政策的主要内容

继续做好沿海发达地区对口帮扶西部贫困地区的东西扶贫协作工作。要认真总结经验,根据扶贫开发规划,进一步扩大协作规模,提高工作水平,增强帮扶力度。对口帮扶双方的政府要积极倡导和组织学校结对帮扶工作;鼓励和引导各种层次、不同形式的民间交流与合作。特别是要注意在互利互惠的基础上,推进企业间的相互合作和共同发展。[①]

① 资料来源:《中国农村扶贫开发纲要(2001—2010年)》。

2011 年 12 月,中共中央、国务院印发《中国农村扶贫开发纲要(2011—2020 年)》,明确指出,对口帮扶的具体内容囊括资金支持、产业发展、干部交流、人员培训以及劳动力转移就业等多个方面。对口帮扶的政策不仅仅需要参与对口帮扶的东部发达城市提供资金资源的支持,还需要提供智力的支持。除了国家层面组织的对口帮扶行动之外,地方也需要开展相应的对口帮扶工作。

专栏 5-12　《中国农村扶贫开发纲要(2010—2020 年)》
关于对口帮扶政策的主要内容

推进东西部扶贫协作。东西部扶贫协作双方要制定规划,在资金支持、产业发展、干部交流、人员培训以及劳动力转移就业等方面积极配合,发挥贫困地区自然资源和劳动力资源优势,做好对口帮扶工作。国家有关部门组织的行业对口帮扶,应与东西部扶贫协作结对关系相衔接。积极推进东中部地区支援西藏、新疆经济社会发展,继续完善对口帮扶的制度和措施。各省(自治区、直辖市)要根据实际情况,在当地组织开展区域性结对帮扶工作。[①]

(三)对口帮扶的成效及典型案例

对口帮扶是实现先富帮后富、最终实现共同富裕的重要举措,体现了中国政治制度与管理体制的优越性。对口帮扶以“对口”为前提,将东部地区的资源与西部地区的需求相对接,从单向扶贫到产业共建,从经济援助到多领域深度合作,拓宽协作范围,打通帮扶通道,实现东部优势补西部的短缺,以先发优势带动后发优势,实现互利双

① 资料来源:《中国农村扶贫开发纲要(2010—2020 年)》。

赢，共同发展。闽宁对口扶贫是东西部扶贫协作和对口帮扶的成功案例。

案例 5-4 “宁夏所需，福建所能”

自1996年9月中央确定福建省与宁夏回族自治区实行对口扶贫协作以来，两省区始终坚持“优势互补、互惠互利、长期合作、共同发展”的原则，围绕宁夏群众最关心、受益最直接、要求最紧迫的问题，从单向的扶贫解困，发展到经济合作、产业对接、互利共赢的新阶段；从单一的经济援助，发展为教育、文化、医疗等多领域合作的新格局；从单纯的政府行为，形成了政府、企业、社会三者相结合的“闽宁模式”，有力促进了宁夏的经济发展、社会稳定和民族进步。闽宁对口帮扶的成功实践得到了国务院扶贫办的高度评价，被誉为“东西扶贫协作的成功典范”。

宁夏中南部9个贫困县(区)国土面积3.93万平方公里，占宁夏国土总面积的54.5%，人口250万人，占宁夏总人口的39.5%，其中回族人口133万人，占宁夏回族人口的59%，是全国最主要的回族聚居区。1982年，宁夏中南部地区贫困发生率高达74.8%，位居当时全国18个集中连片贫困地区之首。

1996年至2013年的17年间，福建省级财政支持宁夏中南部9个贫困县共计3.54亿元，对口市县区援助4.15亿元，社会各界捐款折款1.72亿元。用于支持宁夏中南部地区优势特色产业和卫生、教育、文化等项目，其中相继帮助宁夏9个贫困县建设了闽宁镇、石狮镇、惠安村、丰泽村、皇莆村、鹭海村等18个生态移民示范镇(村)和140个闽宁示范村。修建了一大批水利水保、农村电网、道路、广播电视、饮水等基础设施,援建公路352公里,打井窖1.5万眼,解决了30万人、10多万头大牲畜的饮水困难。完成危房危窑改造2000多户,修建高标准梯田22.9万亩,使50万贫困群众受益。

两省区在干部交流、互访学习、培训进修、支医支教、劳务输出等方面的一系列措施,把福建先进的发展经验、市场意识、经商理念和创业精神带到了宁夏,宁夏中南部地区干部群众的思想观念发生很大变化,改善了宁夏地区的政策环境以及发展方式。福建省每年拿出资金来改善宁夏中南部地区的教育医疗卫生条件。截至2013年底,福建省共援建宁夏中南部地区的学校227所,卫生院(所)303个,派遣支宁教师14批935人次,医疗专家200多名,1000多名当地教师和数百名医务人员得到培训或深造。同时,闽宁对口协作通过科技扶贫、产业协作等措施,打破了"以粮为主"的单一生产模式,带来了依靠科技发展生产的先进理念,带动了宁南地区生产方式的转变,提高了自我的发展能力。如2011年8月奠基的闽宁产业园,布局特色农产品加工、轻工、电子、物流、商贸服务五个功能区,重点发展马铃薯、胡萝卜、西红柿等优质果蔬和以清真牛羊肉为主的特色农产品精深加工业,培育发展光能电子产品加工业,加快发展轻工类劳动密集型产业,配套发展物流、商贸等现代服务型产业。闽宁产业园已成为宁夏中南部地区迈入现代工业的新起点。①

① 李霞:《进一步完善东西部扶贫协作机制的思考——以闽宁对口协作为例》,《中共银川市委党校学报》2015年第5期,第48—52页。

五、“雨露计划”润万家

“雨露计划”是以贫困人群能力建设为核心的扶贫开发政策，其主要任务是帮助贫困地区青壮年农民解决就业、创业中遇到的实际困难，鼓励农村贫困家庭子女接受职业教育。国务院扶贫办印发的《关于在贫困地区实施“雨露计划”的意见》和《贫困青壮年劳动力转移培训工作实施指导意见》明确指出，作为新阶段扶贫开发工作的重要内容之一，“雨露计划”以政府主导、社会参与为特色，以提高素质、增强就业和创业能力为宗旨，以职业教育、创业培训和农业实用技术培训为手段，以促成转移就业、自主创业为途径，帮助贫困地区青壮年农民解决在就业、创业中遇到的实际困难，最终达到发展生产、增加收入，最终促进贫困地区经济发展。[①]

（一）“雨露计划”的实施背景

20 世纪 80 年代我国实施大规模扶贫开发之初，就认识到劳动力素质较低是致贫的一个重要原因，提出坚持开发式扶贫方式，通过培训提高劳动力素质和就业技能，促进贫困地区劳动力向发达地区和非农产业转移就业。在“三西”建设时，提出“有水路走水路，没有水路走旱路，水旱不通另寻出路”的口号，“另寻出路”主要指转移就业。

《国家八七扶贫攻坚计划（1994－2000 年）》提出，把“有计划有组织地发展劳务输出，积极引导贫困地区劳动力合理、有序地转移”纳入扶贫开发的五项基本途径。《中国农村扶贫开发纲要（2001－2010 年）》进一步提出：“提高群众的综合素质特别是科技文化素质，是增加贫困人口经济收入的重要措施，也是促进贫困地区脱贫致富

① 资料来源：《关于在贫困地区实施“雨露计划”的意见》。

的根本途径,必须把农民科技文化素质培训作为扶贫开发的重要工作……积极稳妥地扩大贫困地区劳务输出。加强贫困地区劳动力的职业技能培训,组织和引导劳动力健康有序流动。”

2004 年,国务院扶贫办开始全面实施“雨露计划”。2004—2013 年,中央和地方累计投入培训资金 61 亿元,有近 1600 万农村贫困劳动力接受了相关培训,为每一个农村贫困劳动力投入 600～1500 元的培训费,支持其参加职业技能、创业和农村实用技术培训,帮助农村贫困劳动力脱贫。

(二)“雨露计划”的发展过程

“雨露计划”经过了两个发展阶段,以 2009 年为分界点,2004—2009 年是“雨露计划”实施的探索推广阶段,2010 年至今是改革阶段。

2004—2009 年,“雨露计划”的工作重点是农村贫困地区剩余劳动力的转移培训工作。培训对象主要有三类:一是扶贫工作建档立卡的青壮年农民(16—45 岁),二是贫困户中的复员退伍士兵(含技术军士),三是扶贫开发工作重点村的村干部和能帮助带动贫困户脱贫的致富骨干。培训的课程主要是职业技能培训、创业培训以及农业实用技术培训。“十一五”期间,通过职业技能培训,帮助 500 万左右经过培训的青壮年贫困农民和 20 万左右贫困地区复员退伍士兵成功转移就业;通过创业培训,使 15 万名左右扶贫开发工作重点村的干部及致富骨干真正成为贫困地区社会主义新农村建设的带头人;通过农业实用技术培训,使每个贫困农户至少有一名劳动力掌握 1—2 门有一定科技含量的农业生产技术。[1] 农村贫困地区的劳动力

① 资料来源:《关于在贫困地区实施“雨露计划”的意见》。

转移培训以中短期为主，培训时间一般为 3 个月、6 个月和 1 年。各地依据实际情况制定补助标准，采取对“雨露计划”培训基地实行补助的方式。“雨露计划”形成了“四大工程”，即贫困家庭新生劳动力职业教育培训助学工程、贫困家庭青壮年劳动力转移就业培训工程、贫困家庭劳动力扶贫产业发展技能提升工程、贫困村产业发展带头人培养工程。

2010 年至今，“雨露计划”开始进入改革试点阶段。2010 年 6 月 17 日，国务院扶贫办与财政部联合发出《关于开展“雨露计划”实施方式改革试点工作的通知》，确定在河北省武强县等 9 个位于中国中西部省（区、市）的国家扶贫开发重点县开展“雨露计划”实施方式改革试点工作。2011 年，“雨露计划”改革试点县扩大到全国中西部 21 个省（区、市）的 100 个国家扶贫开发工作重点县。2012 年，“雨露计划”改革试点县达到 200 个，新增加的“雨露计划”改革试点县全部位于 14 个连片特殊困难地区。这一阶段，“雨露计划”的工作重点开始转向对贫困家庭劳动力接受教育与培训进行补助，引导和鼓励贫困家庭子女在完成九年义务教育和普通高中教育后，继续接受高、中等职业教育和一年以上技能培训，进一步提高贫困家庭新生劳动力的整体素质，增强其稳定就业和持续增收的能力；工作对象转变为“雨露计划”改革试点县中每学年接受高等职业（一、二、三年级）、中等职业（一、二年级）教育以及一年以上技能培训（进入顶岗实习的学生除外）的建档立卡农村贫困家庭学生（即“两后生”）。“雨露计划”实施方式改革工作使培训对象从原来贫困家庭存量劳动力为主转向以初中、高中毕业后就业的新生劳动力为主；培训目的从单一的提升培训对象的打工技能，增加其就业机会转向提升新生劳动力的整体素质，增强其稳定就业和持续增收的能力；培训重点从组织青壮年劳动力参加中、短期就业技能培训转向引导和鼓励贫困家庭子女接受高职、中职教育和一年以上的预备制职业培训;补助方式从通过基地间接补助转向对贫困家庭学生直接补助。

案例5-5　陕西“雨露计划”培训扶贫工作实施八年成效显著

为了提高贫困农民的自我发展能力,解决贫困农民增收问题,加快贫困群众脱贫致富步伐,陕西省从2003年开始启动实施了“雨露计划”培训工作。八年来,在省委、省政府的正确领导和国务院扶贫办的精心指导下,全省“雨露计划”培训工作坚持“政府主导、市场运作、培训就业、跟踪服务”的思路,以贫困地区“两后生”(初、高中毕业生)为主要培训对象,以培养“有文化、懂技术、能创业、会经营的新型农民”和高技能人才为目标,加强领导,完善管理,创新机制,取得了显著成效,为增加贫困群众收入,促进贫困地区经济社会发展作出了重要贡献。

一是培训工作任务全面完成。八年来,全省累计培训和安置贫困户子女外出务工人数达到34.69万人,其中统一安置就业率达到98%以上,稳定就业率达到了85%,输送到东部沿海和经济发达地区人数占全省培训总人数的80%,创劳务收入53.08亿元,人均月工资性收入达到1500元以上,有30万个家庭因此而摆脱了贫困。八年累计创劳务收入53.08亿元,年均劳务收入达到6.64亿元,年均有3万多户贫困家庭因此而脱贫。贫困户劳动力参加培训后,不仅提高了综合素质和自我发展能力,而且其中有10%—15%的贫困户劳动力移居城镇,他们创办了实体经济,带动了就业,促进了当地经济的发展。贫困地区通过“雨露计划”培训工作的开展,使贫困家庭经营结构逐渐向多元化方向发展，依靠技术的劳务收入已占家庭经济收入的40%—60%，而且越是贫困地区，外出劳务收入所占比重越高。

二是培训工作更加规范。省扶贫办始终将政策制定作为实施好"雨露计划"培训项目的前提条件，"雨露计划"培训项目每项制度的出台，省扶贫办都要进行广泛的调查和缜密的研究部署。尤其是近两年来，"雨露计划"培训工作不断调整工作思路和管理方法，在培训对象上确定了以贫困地区"两后生"为主要培训对象，延长培训时间、提高培训质量，在管理方法上将省级报账制改为市级报账制管理。为了调动贫困学员参加培训的积极性，从2009年起，省扶贫办为培训学员提供生活及交通费补助，还提高了培训补助标准。各市结合实际，在管理机制和方法上加强管理，积极探索，制定了行之有效的"雨露计划"培训、报账管理办法。在具体培训工作中，各市能够按照省扶贫办要求组织招生、开展培训、安置就业及做好跟踪服务，将参培学员生活费和交通费发放与日常管理有机结合起来，定期到校，依照参培学员名单、专业、班级逐一核对人数，及时将两费发放到参培学员手中。能不定期地与参培学员座谈交流，征求其对培训工作的意见与建议，对存在的问题加以改进。各培训学校不仅强化了参培学员的纪律安全管理，也强化了教师队伍的管理，多数培训学校做到了军事化训练、封闭式教学管理。"雨露计划"培训项目实施八年来，各市培训工作运行平稳有序、安全。各培训学校还结合贫困户子女文化水平和用工企业对岗位技术的要求，制定了相应的教学大纲和教学计划，更加注重参培学员的实践动手能力培训，达到了进得来、学得会、能输出、稳得住的培训效果。

三是工作主动性不断增强。各级扶贫部门及培训学校能够认真分析形势、研究对策、提高和改进工作方法,不断增强工作的主动性和活力。首先是各级扶贫部门高度重视,将此项工作纳入年度目标责任考核,渭南、榆林、汉中、商洛等市县扶贫办(局)都明确了主管领导和主管人员,实行三个考核,市政府把“雨露计划”培训工作任务纳入县区委、政府年度工作目标岗位责任制进行考核;市扶贫办(局)对各县区扶贫办(局)进行考核;市扶贫办(局)对各培训学校进行考核。领导重视与考核机制同步进行,有力地保证了培训工作的顺利开展。同时各市加大宣传工作力度,力争使农村贫困青年应知尽知、应训尽训。其次是各培训学校为了保证培训质量,花大力气改善办学条件,使培训设施条件有了更大的提高。

四是安置就业及跟踪服务水平有了较大提高。各市扶贫办(局)及各培训学校把做好安置就业和跟踪服务作为“雨露计划”培训工作的生命线。向参培学员做出了免费安置就业承诺,甚至有的学校提供2—3次免费安置就业服务,这为陕西省“雨露计划”培训安置就业和稳定就业提供了可靠保证。渭南扶贫学院、汉中一职中、安康技术学院、榆林市北大职业学校等培训学校为了提高学员就业后的稳定率,学校对就业学员一律实行跟踪服务,建立学员就业跟踪服务档案,在2—3个企业间常驻一名安置就业管理人员,与企业、就业学员联系,了解学员工作、生活以及思想状况,帮助学员解决实际问题和困难,及时反馈给学校就业安置办公室,尤其对所有上岗学员的各种情况实行微机管理,及时归类、分析,以促进培训工作不断完善。商洛新潮学院专门成立了“扶贫培训就业安置办公室”，确定专职人员具体负责学生安置就业及后续服务管理，精心制定了“整合信息、签署订单、送岗安置、跟踪回访”四步走的安置工作流程。

五是“雨露计划”培训工作赢得了社会的称赞。陕西省“雨露计划”培训工作在省、市、县扶贫部门和承担培训任务学校的共同努力下，以其良好的教学、管理和就业业绩，受到了陕西省广大贫困地区群众的高度评价，群众称其为投资少、见效快、一时培训、终生受益的好项目。学生家长说得好：“雨露计划”政策好，不收学费给补助，学校培训保就业，脱贫致富有保证。在组织招生、参培学员到校、欢送外出务工等许多场面上，父母送子女，领导来送别，学校接送，扶贫部门全程组织的热闹场面，说明了这项工作深得人心，也说明了这项工作找对了群众致富的关切点。

六是培训品牌效应不断增强。陕西省“雨露计划”培训工作，不仅为贫困户脱贫致富提供了有效途径，而且也极大地促进了各培训学校的健康发展。承担培训任务的学校，在教学环境、培训方式、教学质量、教师素质、实习条件、市场衔接、安置能力、跟踪服务等方面都有了较大改进和提高，并形成了陕西省各市各学校具有特色的培训专业。西安的电子、渭南的烹饪、宝鸡的机械加工和电气焊、榆林的能源化工、商洛的机修与家政、安康的旅游与服务等，构成了全省各具特色的培训专业格局，这些培训学校业精一门，花大力气培育优势专业和品牌，为陕西省“雨露计划”培训创出了品牌,创出了形象,创出了声望。[①]

“雨露计划”通过实施形式各样、内容丰富的培训,提升贫困地区劳动力的技能水平和就业能力,将人口压力转化为资源优势,增加了贫困地区劳动力的收入,加快了贫困农民的脱贫致富步伐。

(三)“雨露计划”的实施原则

“雨露计划”的实施原则,一是以人为本,注重开发。以贫困群众为主体,在尊重他们意愿的基础上,通过适当的培训和引导,提高他们的自我积累、自我发展能力,实现人口资源向人力资本的有效转变。二是突出重点,分类实施。针对不同地区、不同对象的不同需求,统筹计划、突出重点,进行分类指导和培训。三是紧跟市场,按需施教。以市场需求为导向,以提高就业能力和创业能力为目标,按照不同行业要求,采取不同内容和形式组织培训,增强培训的针对性和实效性。四是整合资源,创新机制。以现有教育培训机构为主渠道,发挥多种培训资源的作用,充分调动培训机构、用人单位和农民群众自身的积极性,多渠道、多层次、多形式地开展满足贫困地区社会主义新农村建设现实需要的各类培训。五是政府主导、共同参与。在坚持政府主导的前提下,积极动员、引导和组织包括民营经济、非政府组织和国际社会在内的社会各界,通过多种形式参与和支持“雨露计划”的实施。

“雨露计划”根据政府主导、部门配合、社会参与的总体要求,采取因地制宜、分类区别对待的方法组织落实。“雨露计划”的实施实行属地管理,一般是在国务院扶贫办等国家部门的统一领导下,以各

① 《陕西“雨露计划”培训扶贫工作实施八年成效显著》,资料来源:2010年11月16日陕西省人民政府网站。

省(区、市)为单位依据国家相关政策文件,制定本地实施方案。

(四)“雨露计划”的培训内容与形式

“雨露计划”的培训内容主要是职业技能培训、农业实用技术培训和创业培训三个方面。第一,职业技能培训。职业技能培训主要是根据市场需求,针对特定行业就业技术或工种的培训,与订单培训密切相关。该类培训主要以制造业、服务业、建筑业等行业为重点,按照相关岗位对从业人员基本技能的要求开展。培训机构围绕相关就业需求,安排培训内容,设置培训课程,进行培训管理,增加就业率。职业技能培训以中短期培训为主,多采取 3 个月、6 个月和 1 年的培训时间。从培训效果来看,接受过培训的人群比没有接受过培训的人群平均月收入多 25.36%。第二,农业实用技术培训。农业实用技术培训主要是根据农民的实际需求,围绕农业、农村建设开展,培训地点多样,不仅可以在培训基地开展,也可以在田间地头开展。以短期培训为主,大部分的培训项目时间不超过 6 个月。如根据沼气工程的需要培训沼气生产工以及沼气物管员等;根据一些有规范操作技术要求和稳定就业岗位的农业服务领域,开展从业人员技术培训,如培训畜禽繁殖员等;根据农产品加工行业的需求,开展农产品加工岗位技能培训。第三,创业培训。创业培训是为了提升农民创业能力而设置的培训,从创业理念、实践、创业服务等方面培养创业型农民,发掘农业农村的就业潜力。

“雨露计划”的培训形式主要是两类:一是订单培训,即培训机构根据用人单位的需求订单来申请任务,开展招生培训等一系列工作。这类培训形式就业去向明确,确保培训一人,就业一人。二是定向培训,即用人单位委托培训机构,对拟招用的人才进行岗位就业技能的培训。这两种培训是培训就业一体化的运作模式,能够有效提升学员的实际就业能力,实现农村贫困人口转移就业的目标,同时也能为企业提供高质量的劳动力。培训基地作为沟通桥梁,将培训学员与用工企业紧密联系起来,使二者实现良好的对接。

各地培训机构在实际操作中还探索了不少新的模式,如“校企联合”“校校联合”“校乡联合”等有效的具体模式,通过开展培训,按照用人单位的需求培训学员,实现学员的稳定就业。

本章小结

在《中国农村扶贫开发纲要(2001—2010年)》以及《中国农村扶贫开发纲要(2011—2020年)》政策文件的指导下,新世纪以来的综合扶贫阶段中,扶贫开发以进一步改善贫困地区的基本生活、巩固温饱成果、提高贫困人口的生活质量和综合素质为目标,实施“一体两翼”战略,通过整村推进改善生产生活条件,通过培训促进剩余劳动力转移、带动贫困地区产业结构调整。同时,继续推进对口帮扶政策,逐步建立起完善的扶贫政策体系,逐步改变贫困地区经济、社会、文化的落后状态。

第六章
精准扶贫阶段
(2013—2020年)

党的十八大以来，以习近平同志为核心的党中央把扶贫开发工作纳入“五位一体”总体布局和“四个全面”战略布局，把脱贫攻坚摆到治国理政的突出位置，提出精准扶贫、精准脱贫基本方略，推动中国扶贫事业取得巨大成就，对世界减贫进程作出了重大贡献。本章紧紧围绕精准扶贫、精准脱贫方略，梳理其形成过程和基本内涵，阐述了“六个精准”“五个一批”以及解决“四个问题”的基本内容、政策体系、逻辑关系以及实践进展，分析了攻克深度贫困地区、建立稳定脱贫长效机制、构建“三位一体”大扶贫格局的政策体系以及扶贫成效。

一、形成精准扶贫方略

(一)精准扶贫方略的提出

湖南省湘西土家族苗族自治州花垣县排碧乡十八洞村是一个纯苗族村，也是典型贫困村，因村内有18个天然溶洞，故名十八洞村。

全村989人,人均耕地0.83亩,2012年人均纯收入1400多元。十八洞村2000年以来虽逐渐通了水泥路,也有了自来水和电,但仍然贫穷落后。

2013年11月3日,习近平总书记来到花垣县十八洞村考察,在老百姓的院子里召开了座谈会,同大家一起商量脱贫致富奔小康之策。习近平总书记在与村干部、村民座谈时指出:"扶贫要实事求是,因地制宜。要精准扶贫,切忌喊口号,也不要定好高骛远的目标。三件事要做实:一是发展生产要实事求是,二是要有基本公共保障,三是下一代要接受教育。各级党委和政府都要想方设法,把现实问题一件件解决,探索可复制的经验。"习近平总书记作出"实事求是、因地制宜、分类指导、精准扶贫"的重要指示,提出反对"一刀切",要根据具体情况,灵活开展扶贫的工作思路,正式提出了"精准扶贫"的思想。

在十八洞村,总书记明确要求"不栽盆景,不搭风景""不能搞特殊化,但不能没有变化",不仅要自身实现脱贫,还要探索"可复制、可推广"的脱贫经验。在总书记的鼓舞和指导下,十八洞村勇于探索,从精准识别开始,摸索出"户主申请、群众投票识别、三级会审、公告公示、乡镇审核、县级审批、入户登记"的精准识别贫困户"七步法"和"家里有拿工资的不评,在城里买了商品房的不评,在村里修了三层以上楼房的不评……"的"九不评",在"七步法""九不评"原则下,十八洞村精准识别出贫困人口542人,家家户户都服气。这也为全国其他地区提供了重要经验。

自20世纪80年代开展大规模扶贫工作以来,容易脱贫的地区和人口已经基本脱贫,剩下的贫困人口大多贫困程度较深,自身发展能力比较弱。越往后脱贫攻坚成本越高、难度越大。习近平总书记在十八洞村提出"实事求是、因地制宜、分类指导、精准扶贫"的重要指示，强调发展是甩掉贫困帽子的总办法，贫困地区要从实际出发，因地制宜，把种什么、养什么、从哪里增收想明白，帮助乡亲们寻找脱贫致富的好路子。湘西大力推进发展生产脱贫工程、乡村旅游脱贫工程、转移就业脱贫工程、易地搬迁脱贫工程、教育发展脱贫工程、医疗救助帮扶工程、生态补偿脱贫工程、社会保障兜底工程、基础设施配套工程、公共服务保障工程等精准脱贫“十项工程”，解决了“扶持谁、谁来扶、怎么扶”等问题。通过建档立卡，选派书记，精准施策，打出了一套精准扶贫政策措施“组合拳”，使扶贫资源由“普惠分配”向“靶向配置”转变，扶贫路径由“大水漫灌”向“精准滴灌”转变，扶贫模式由“输血式”向“造血式”转变，精准扶贫取得累累硕果。2017 年 2 月，湖南省扶贫办宣布十八洞村成为全省第一批脱贫摘帽的贫困村之一。

十八洞村是中国精准扶贫的一个典型、一个镜像，从中可以一窥中国精准扶贫的艰难与壮观。党的十九大对这场扶贫战役给出了“脱贫攻坚战取得决定性进展”的评价，六千多万贫困人口稳定脱贫，就是这场战役的成绩单。精准扶贫理念的背后，是中国共产党人为中国人民谋幸福的不变初心，也显现出中国特色社会主义制度的巨大优势。

（二）精准扶贫的内涵

2013 年 12 月 10 日，习近平总书记在中央经济工作会议上指出：“贫困地区要把提高扶贫对象生活水平作为衡量政绩的主要考核指标。”“扶贫工作要科学规划、因地制宜、抓住重点，不断提高精准性、有效性、持续性，切忌空喊口号，不要提好高骛远的目标。发展生产要实事求是,结合当地实际发展特色经济,注重提高基本公共服务水平。”①

2014年3月7日,习近平总书记在参加十二届全国人大二次会议贵州代表团审议时指出:“精准扶贫,就是要对扶贫对象实行精细化管理,对扶贫资源实行精确化配置,对扶贫对象实行精准化扶持,确保扶贫资源真正用在扶贫对象身上、真正用在贫困地区。”②

2015年6月,习近平总书记在贵州召开部分省区市党委主要负责同志座谈会时指出,扶贫开发贵在精准,重在精准,成败之举在于精准。各地都要在扶持对象精准、项目安排精准、资金使用精准、措施到户精准、因村派人(第一书记)精准、脱贫成效精准上想办法、出实招、见真效。2015年10月,习近平总书记在2015减贫与发展高层论坛上强调,中国扶贫攻坚工作实施精准扶贫方略,增加扶贫投入,出台优惠政策措施,坚持中国制度优势,注重“六个精准”,坚持分类施策,因人因地施策,因贫困原因施策,因贫困类型施策,通过扶持生产和就业发展一批,通过易地搬迁安置一批,通过生态保护脱贫一批,通过教育扶贫脱贫一批,通过“低保”政策兜底一批,广泛动员全社会力量参与扶贫。③

总体来讲,精准扶贫是以综合协同、精细管理、持续再生的理念为指导,运用统筹、协调、分类的科学方法,将“大水漫灌”变为“精准滴灌”,对扶贫对象实施精准识别、精准施策、精准扶持、精准管理的综合治理贫困新方式。精准扶贫的起点在于明确贫困居民的致贫原因,从而对贫困原因制定有针对性的扶贫措施。精准扶贫的核心内容是做到“真扶贫、扶真贫”,让扶贫资源能够真正地瞄准贫困目标人群。精准扶贫的实质是提高贫困人口的自身发展能力。精准扶贫主

①②③《习近平精准扶贫重要论述》,资料来源:2017年8月21日人民论坛网。

要由两部分内容构成，即识别贫困人口和瞄准扶贫资源。识别贫困人口主要是通过一系列扶贫工作机制、程序、工具等，将具体的贫困人口准确辨别出来，并通过建立扶贫信息网络系统对贫困人口进行动态管理。瞄准扶贫资源则是在对贫困人口有效识别的基础上，以一定方式投入扶贫资源，推动目标区域经济发展和目标人群脱贫致富。精准扶贫的最终目的在于减少贫困人口和消除贫困，即通过对扶贫资源的有效利用使贫困人口稳定脱贫致富和提高生活质量。

二、构建精准扶贫体系

（一）精准识别是前提，解决好“扶持谁”的问题

习近平总书记指出，“要解决好‘扶持谁’的问题，确保把真正的贫困人口弄清楚”[①]。要进行精准扶贫，首先必须以合理有效的方式准确地找到要扶持的贫困家庭和人口。精准识别是指通过申请评议、公示公告、抽检核查、信息录入等步骤，将贫困户和贫困村有效识别出来，并建档立卡。

2014 年 4 月 2 日，国务院扶贫办印发的《扶贫开发建档立卡工作方案》明确指出，建档立卡对象包括贫困户、贫困村、贫困县和连片特困地区。通过建档立卡，对贫困户和贫困村进行精准识别，了解贫困状况，分析致贫原因，摸清帮扶需求，明确帮扶主体，落实帮扶措施，开展考核问效，实施动态管理。对贫困县和连片特困地区进行监测和评估，分析掌握扶贫开发工作情况，为扶贫开发决策和考核提供依据。要求 2014 年年底前，在全国范围内建立贫困户、贫困村、贫困县

① 习近平：《脱贫攻坚战冲锋号已经吹响全党全国咬定目标苦干实干》，《人民日报》2015 年 11 月 29 日。

和连片特困地区电子信息档案,并向贫困户发放《扶贫手册》。以此为基础,构建全国扶贫信息网络系统,为精准扶贫工作奠定基础。

《扶贫开发建档立卡工作方案》提出了建档立卡工作的工作目标,明确了贫困户建档立卡方法和步骤(见图 6-1)和贫困村建档立卡方法和步骤(见图 6-2),确立了"县为单位、规模控制、分级负责、精准识别、动态管理"的建档立卡工作基本原则。

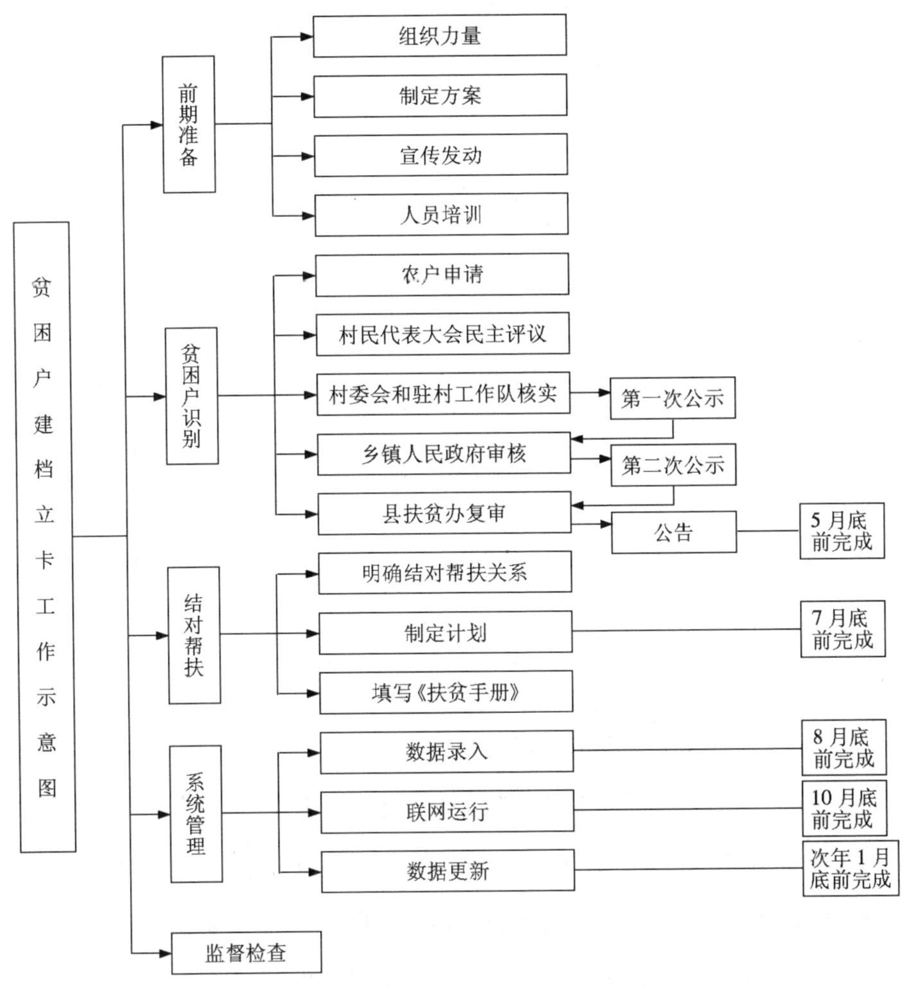

图 6-1　贫困户建档立卡工作示意图

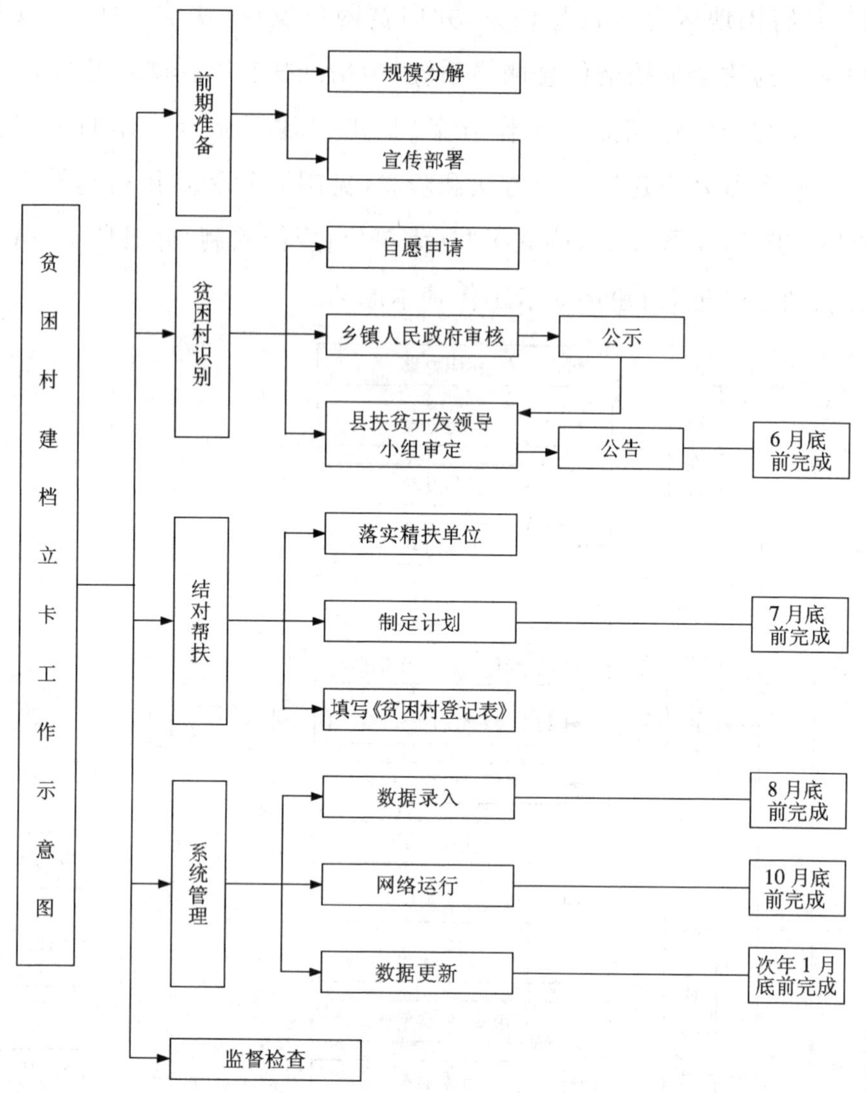

图 6-2　贫困村建档立卡工作示意图

《扶贫开发建档立卡工作方案》的实施，对于精准识别贫困户和贫困村，确保按时、高质量完成建档立卡工作具有重要意义。

首先，制定了贫困的测量标准。以2013年农民人均纯收入2736元(相当于2010年2300元不变价)的国家农村扶贫标准为识别标准。各省、自治区、直辖市在确保完成国家农村扶贫标准识别任务的基础上,可结合本地实际,按本省标准开展贫困户识别工作,纳入全国扶贫信息网络系统统一管理。

其次,将贫困指标体系进一步量化和细化。如针对贫困村的建档立卡登记内容,就包括贫困村的基本情况、发展水平、基础设施状况、生产生活条件、公共服务情况、帮扶情况和帮扶成效等七个方面的内容。

最后,要求对扶贫对象进行信息公开。贫困户识别要做到“两公示一公告”,贫困村识别要做到“一公示一公告”,要有相关记录和档案资料,要全程公开,接受监督,确保结果公正。

案例 6-1 贵州威宁精准识别“四看法”

五星村地处贵州省威宁彝族回族苗族自治县西北部的迤那镇,总面积 18.28 平方公里,辖 6 个村民小组,总人口 1264 户 5223 人,其中贫困户 92 户 272 人。

开展精准扶贫工作以来,五星村严格把握国家核定的贫困标准,按照农户自测、农户申请、民主评议、入户调查、回访统计、张榜公示、审核确认的方式,由农户提出申请,村支两委组织党员代表、村民代表召开民主评议大会,对提出申请的贫困户以投票的方式逐户评定,初选出贫困户名单,并张榜公示,无异议后,村支两委与驻村帮户干部一起逐户对初选出的贫困户采取“一看房,二看粮,三看劳动力强不强,四看家中有没有读书郎”的精准识别方法入户摸底调查评估,最终确定贫困户名单。

在迤那镇五星村,“四看法”被作为帮扶对象的评估标准,以百分制考核形成指标体系(评分表附后)。即:“一看房”,就是通过看农户的居住条件和生活环境,估算其贫困程度，占 20 分。“二看粮”，就是通过看农户的土地情况和生产条件，估算其农业收入和食品支出，占 30 分。“三看劳动力强不强”，就是通过看农户的劳动力状况、劳动技能掌握状况和有无病残人口，估算其务工收入和医疗支出，占 30 分。“四看家中有没有读书郎”，就是通过看农户受教育程度和在校生现状等，估算其发展潜力和教育支出，占 20 分。

该套指标体系具有三种功能：一是精准识别功能。根据上述四项指标，对人均纯收入在 2300 元以下(2010 年不变价)的贫困农户进行综合评分，确定贫困程度，总分在 60 分以下的为贫困户，解决好“扶持谁”的问题；二是精准扶贫功能。根据对贫困户指标体系评价内容，进行针对性的扶持，分户施策，扶到点上、扶到根上，解决好“怎么扶”的问题；三是精准脱贫功能。对综合评分在 60 分以上的农户视为已经脱贫。其中，60—80 分的为容易返贫的农户，需进一步跟踪巩固，80 分以上的为稳定脱贫，退出扶贫程序，解决好“谁脱贫”的问题。

2015 年 5 月 7 日，中央政治局委员、国务院副总理汪洋在威宁县考察扶贫开发工作，当了解到五星村采取“一看房，二看粮，三看劳动力强不强，四看家中有没有读书郎”的“四看识真贫”工作法，建立一户一策一干部的帮扶机制，户有卡、村有册、镇有档的贫困户档案管理后，汪洋高兴地说，五星村的建档立卡工作做得细致，切实把精准扶贫落到了实处，真正实现了精准到户，他希望大家再接再厉，进一步完善贫困识别机制。

贵州省威宁县精准识别贫困评分标准①

1.“一看房”评分标准(总分20分)

评价内容及分值	评分标准	标准值
住房条件(5分)	有安全住房	5分
	二、三级危房	3分
	一级危房(或无房)	0分
人均住房面积(5分)	30平方米以上	5分
	10—30平方米	4分
	10平方米以下	2分
出行条件(4分)	通硬化路	4分
	通路未硬化	2分
	未通路	0分
饮水条件(2分)	有安全饮用的自来水	2分
	有供人饮用的小水窖或集中取水点	1分
	没有解决安全用水问题	0分
用电条件(2分)	“同网同价”,有一些家用电器	2分
	没有“同网同价”,但用电有保障	1分
	用电没有保障	0分
生产条件(2分)	有农机具	2分

2.“二看粮”评分标准(总分30分)

评价内容及分值	评分标准	标准值
人均经营耕地面积(8分)	2亩以上	8分
	1—2亩	6分
	1亩以下	4分
	没有耕地	0分

① 张琦:《贵州省威宁县“四看法”精准识别贫困评分标准》,资料来源:2015年11月19日中国发展门户网。

（续表）

评价内容及分值	评分标准		标准值
种植结构(8分)(注:人均经果林面积或人均经济作物收益其中一项最高可得8分,但两项之和不能超过8分)	人均经果林面积	1亩以上	8分
		0.5—1亩	6分
		0.5亩以下	4分
		没有经果林	0分
	人均经济作物收益	500元以上	8分
		300—500元	6分
		200—300元	4分
		200元以下	2分
	没有经果林和经济作物,但流转土地给他人(每增加1亩分值相应增加2分,最高不得超过种植结构的总分8分)		2分
人均占有粮食(6分)	330斤以上		6分
	210—330斤		4分
	210斤以下		2分
家庭人均收入(8分)	1000元以上		8分

3.“三看劳动力强不强”评分标准(总分30分)

评价内容及分值	评分标准	标准值
劳动力占家庭人口比例(8分)	50%以上	8分
	40%	6分
	20%以下	3分
	没有劳动力	0分
健康状况(8分)	家庭成员健康	8分
	主要劳动力健康,其他成员有不同程度残障或病患	6分
	主要劳动力患有疾病,部分丧失劳动力	4分
	家庭成员残障或常年多病	2分

(续表)

评价内容及分值	评分标准		标准值
劳动力素质(8分)(注:两项指标如同时出现几种因素的,以最高分计算)	文化程度(4分)	初中以上	4分
		小学	2分
		文盲	0分
	培训(4分)	掌握1门以上适用技术	4分
		参加过培训但未完全掌握适用技术	2分
		既未参加过培训又不掌握适用技术	0分
人均务工收入(6分)	1000元以上		6分
	500—1000元		4分
	500元以下		2分
	没有务工收入		0分

4."四看家中有没有读书郎"评分标准(总分20分)

评价内容及分值	评分标准	标准值
教育负债(12分)	没有负债	12分
	5000元以下	8分
	5000—10000元	4分
	10000元以上	0分
教育回报(8分)(注:如同时出现几种因素的,以最高分计算)	有大专(或高职)以上在校生	8分
	有高中(或中职)在校生	4分
	有初中以下在校生	2分
	没有在校生	0分

(二)精准帮扶是关键,解决好"怎么扶"的问题

1.精准安排扶贫项目

2012年12月29日,习近平总书记在河北省阜平县考察扶贫开发工作时发表讲话,强调各级财政要加大对扶贫开发的支持力度,形成有利于贫困地区和扶贫对象加快发展的扶贫战略和政策体系。各项扶持政策要进一步向革命老区、贫困地区倾斜,国家大型项目、重点工程、新兴产业在符合条件的情况下优先向贫困地区安排,引导劳动密集型产业向贫困地区转移。①

项目安排精准,即根据各地的自然条件、资源优势和产业基础,把扶贫项目与贫困乡镇、贫困村的实际和贫困群众意愿结合起来,把"造血式"扶贫与"输血式"扶贫结合起来,因地制宜地确定实施的扶贫项目。习近平总书记指出,"关键是要找准路子、构建好的体制机制,在精准施策上出实招、在精准推进上下实功、在精准落地上见实效"。扶持对象识别出来并建档立卡以后,就需要根据贫困户和贫困人口的实际需要进行有针对性的项目帮扶,做到因户因人施策。精准安排扶贫项目,变"大水漫灌"为"精准滴灌",做到"扶真贫、真扶贫",真正让贫困户成为扶贫项目的主人。坚持"输血"和"造血"相结合,带动贫困群众一起干,组织贫困人口共同设计项目,参与扶贫项目的决策,充分调动贫困户的积极性、主动性、创造性,不断提高贫困户自我组织、自我发展的动力和能力,增强"造血"功能,增强内生动力和发展活力。加强扶贫项目合同制管理,确保扶贫项目规范管理。坚持扶贫项目多样化,如劳务输出项目、加工计件型项目、电子商务

① 中共中央文献研究室:《做焦裕禄式的县委书记》,中央文献出版社2015年版,第19页。

项目等,让贫困户有更多更好的选择。[①]

2.精准使用扶贫资金

扶贫资金是国家财政根据中央扶贫开发有关方针政策,专门安排用于贫困地区改善贫困群众基本生产、生活条件,提高贫困农民收入水平,促进经济和社会全面发展的专项资金。[②] 要保证扶持项目得到实施,就必须有相应的资金支持。以往各类扶贫资金(包括专项扶贫资金和部门扶贫资金)的管理方式缺乏足够的灵活性,地方政府缺乏资金使用的自主权,难以做到精准扶贫。

2011年11月7日,财政部、国家发展改革委、国务院扶贫办下发了《关于〈财政专项扶贫资金管理办法〉的通知》(财农〔2011〕412号),对扶贫资金的预算与分配,扶贫资金的使用与拨付,扶贫资金的管理与监督等各个方面作出了更加具体和严格的规定。2015年11月27日,在中央扶贫开发工作会议上,习近平总书记强调,在增加财政投入的同时,要加大扶贫资金整合力度。要给贫困县更多扶贫资金整合使用的自主权,支持贫困县围绕本县突出问题,以脱贫规划为引领,以重点扶贫项目为平台,把专项扶贫资金、相关涉农资金、社会帮扶资金捆绑使用。要发挥好各级扶贫开发领导小组在扶贫政策安排、扶贫规划制定、扶贫工程实施上的统筹协调作用,提高资金使用效率。[③]

2017年9月8日,为贯彻落实《中共中央、国务院关于打赢脱贫攻坚战的决定》精神,进一步加强和规范中央财政专项扶贫资金的使用与管理,提升扶贫资金使用效益,财政部、国务院扶贫办、国家发展

① 陆汉文、黄承伟:《中国精准扶贫发展报告(2016):精准扶贫战略与政策体系》,社会科学文献出版社2016年版,第40页。

② 潘铎印:《莫把扶贫资金当成"唐僧肉"》,《光明日报》2016年7月11日。

③ 中共中央党史和文献研究院:《十八大以来重要文献选编(下)》,中央文献出版社2018年版,第48—49页。

改革委、国家民委、农业部、国家林业局联合印发了《中央财政专项扶贫资金管理办法》(财农〔2017〕8号),主要按照因素法分配中央财政专项扶贫资金,根据精准扶贫、精准脱贫要求,以目标、问题和结果为导向,突出贫困人口、贫困深度等反映贫困状况因素,聚焦脱贫攻坚主战场和深度贫困地区,加大对脱贫成效显著和工作实绩突出省份的奖励力度。

在资金的支出范围方面,《中央财政专项扶贫资金管理办法》明确不再对相关资金支出范围作具体的要求,而是采取负面清单的方式,以提高资金使用效益。在资金的管理方式方面,该办法明确提出中央财政专项扶贫资金项目审批权限下放到县级,强化地方对中央财政专项扶贫资金的管理责任。在资金的严格监管方面,要按照“项目跟着规划走,资金跟着项目走,监督跟着资金走”的基本原则,严格监管各项扶贫项目,制定清晰明了的精准扶贫标准及工作程序。在项目实施过程中加强对财政扶贫资金和扶贫项目的监督管理。不仅要建立起一套细致的精准扶贫项目台账,更要将监管覆盖到申报、立项、审批、资金拨付及项目实施、验收等环节。

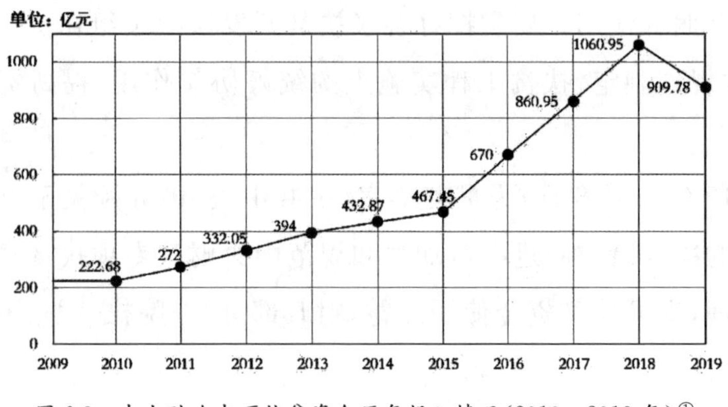

图 6-3　中央财政专项扶贫资金历年投入情况(2010—2019年)①

① 根据财政部网站公布的中央财政专项扶贫资金数据绘制而成。

2018年2月12日,习近平在打好精准脱贫攻坚战座谈会上的讲话中进一步强调:脱贫攻坚,资金投入是保障。必须坚持发挥政府投入主体和主导作用,增加金融资金对脱贫攻坚的投放,发挥资本市场支持贫困地区发展作用,吸引社会资金广泛参与脱贫攻坚,形成脱贫攻坚资金多渠道、多样化投入。

3.精准落实扶贫措施

要保证精准扶贫的效果,仅仅确定扶持项目和提供扶持资金是不够的。以往的扶贫经验表明,很多扶贫项目不仅难以到户,到户后效果也很差,主要原因是以往"大水漫灌""广撒胡椒面"的传统扶贫难以应对贫困户复杂多样的贫困现实。

2015年10月16日,习近平总书记在减贫与发展高层论坛上首次提出"五个一批"的脱贫措施:"我们坚持分类施策,因人因地施策,因贫困原因施策,因贫困类型施策,通过扶持生产和就业发展一批,通过易地搬迁安置一批,通过生态保护脱贫一批,通过教育扶贫脱贫一批,通过低保政策兜底一批。我们广泛动员全社会力量,支持和鼓励全社会采取灵活多样的形式参与扶贫。"为打通脱贫攻坚"最后一公里"开出破题药方。2015年11月29日,中共中央、国务院印发了《中共中央、国务院关于打赢脱贫攻坚战的决定》,"五个一批"的脱贫措施经中共中央政治局审议通过,被正式写入《中共中央、国务院关于打赢脱贫攻坚战的决定》。

专栏6-1　"五个一批"的内容

发展生产脱贫一批。《中共中央、国务院关于打赢脱贫攻坚战的决定》从资金使用、项目安排等方面对贫困地区的产业发展进行了规划。在资金使用方面,《中共中央、国务院关于打赢脱贫攻坚战的决定》提出应出台专项政策,统筹使用涉农资金，引导中央企业、民营企业分别设立贫困地区产业投资基金。在产业方向方面，《中共中央、国务院关于打赢脱贫攻坚战的决定》提出应制定贫困地区特色产业发展规划，重点支持贫困村、贫困户因地制宜发展种养业和传统手工业等。实施贫困村“一村一品”产业推进行动，扶持建设一批贫困人口参与度高的特色农业基地。在构建利益联结机制方面，《中共中央、国务院关于打赢脱贫攻坚战的决定》提出应加强贫困地区农民合作社和龙头企业培育，发挥其对贫困人口的组织和带动作用，强化其与贫困户的利益联结机制。支持贫困地区发展农产品加工业，加快一二三产业融合发展，让贫困户更多分享农业全产业链和价值链增值收益。科学合理有序开发贫困地区水电、煤炭、油气等资源，调整完善资源开发收益分配政策。

易地搬迁脱贫一批。《中共中央、国务院关于打赢脱贫攻坚战的决定》提出，对居住在生存条件恶劣、生态环境脆弱、自然灾害频发等地区的农村贫困人口，加快实施易地扶贫搬迁工程。坚持群众自愿、积极稳妥的原则，因地制宜选择搬迁安置方式，合理确定住房建设标准，完善搬迁后续扶持政策，确保搬迁对象有业可就、稳定脱贫，做到搬得出、稳得住、能致富。要紧密结合推进新型城镇化，编制实施易地扶贫搬迁规划，支持有条件的地方依托小城镇、工业园区安置搬迁群众，帮助其尽快实现转移就业，享有与当地群众同等的基本公共服务。加大中央预算内投资和地方各级政府投入力度，创新投融资机制，拓宽资金来源渠道，提高补助标准。支持搬迁安置点发展物业经济，增加搬迁户财产性收入。探索利用农民进城落户后自愿有偿退出的农村空置房屋和土地安置易地搬迁农户。

生态补偿脱贫一批。《中共中央、国务院关于打赢脱贫攻坚战的决定》提出，国家实施的退耕还林还草、天然林保护、防护林建设、石漠化治理、防沙治沙、湿地保护与恢复、坡耕地综合整治、退牧还草、水生态治理等重大生态工程，在项目和资金安排上进一步向贫困地区倾斜，提高贫困人口参与度和受益水平。加大贫困地区生态保护修复力度，增加重点生态功能区转移支付。结合建立国家公园体制，创新生态资金使用方式，利用生态补偿和生态保护工程资金使当地有劳动能力的部分贫困人口转为护林员等生态保护人员。

发展教育脱贫一批。《中共中央、国务院关于打赢脱贫攻坚战的决定》提出，加快实施教育扶贫工程，让贫困家庭子女都能接受公平有质量的教育，阻断贫困代际传递。国家教育经费向贫困地区、基础教育倾斜。健全学前教育资助制度，帮助农村贫困家庭幼儿接受学前教育。稳步推进贫困地区农村义务教育阶段学生营养改善计划。加大对乡村教师队伍建设的支持力度，特岗计划、国培计划向贫困地区基层倾斜，为贫困地区乡村学校定向培养留得下、稳得住的一专多能教师，制定符合基层实际的教师招聘引进办法，建立省级统筹乡村教师补充机制，推动城乡教师合理流动和对口支援。全面落实连片特困地区乡村教师生活补助政策，建立乡村教师荣誉制度。合理布局贫困地区农村中小学校，改善基本办学条件，加快标准化建设，加强寄宿制学校建设，提高义务教育巩固率。普及高中阶段教育，率先从建档立卡的家庭经济困难学生实施普通高中免除学杂费、中等职业教育免除学杂费，让未升入普通高中的初中毕业生都能接受中等职业教育。加强有专业特色并适应市场需求的中等职业学校建设，提高中等职业教育国家助学金资助标准。努力办好贫困地区特殊教育和远程教育。建立保障农村和贫困地区学生上重点高校的长效机制，加大对贫困家庭大学生的救助力度。对贫困家庭离校未就业的高校毕业生提供就业支持。实施教育扶贫结对帮扶行动计划。

社会保障兜底一批。《中共中央、国务院关于打赢脱贫攻坚战的决定》提出，实施健康扶贫工程，保障贫困人口享有基本医疗卫生服务，努力防止因病致贫、因病返贫；完善农村最低生活保障制度，对无法依靠产业扶持和就业帮助脱贫的家庭实行政策性保障兜底；对农村"三留守"人员和残疾人进行全面摸底排查，建立详实完备、动态更新的信息管理系统；健全留守儿童、留守妇女、留守老人和残疾人关爱服务体系。

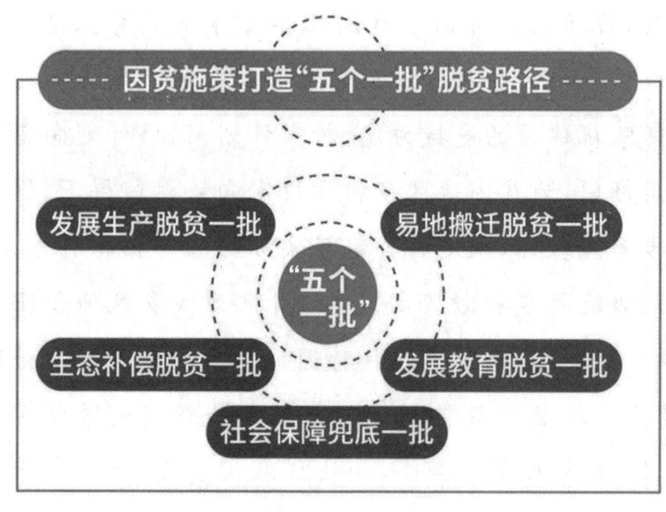

图 6-4 "五个一批"脱贫路径

(三)精准选人是保证,解决好"谁来扶"的问题

精准扶贫是一项复杂的系统工程,需要强有力的组织保障。各类扶贫项目及措施都依靠村一级具体实施,村级组织能力是影响精准扶贫效果的关键因素之一。贫困村经济社会发展相对滞后,大量年轻人外出就业,村干部普遍老龄化。面对贫困村干部年龄结构老化,村级治理能力弱化的现状,强化基层扶贫工作力量的紧迫性不断凸显。

2015年4月,中共中央组织部、中央农村工作领导小组办公室、国务院扶贫开发领导小组办公室印发了《关于做好选派机关优秀干部到村任第一书记工作的通知》(后文简称《通知》),就深入贯彻落实习近平总书记关于大抓基层、推动基层建设全面进步全面过硬和精准扶贫、精准脱贫等重要指示精神,对选派机关优秀干部到村任第一书记工作作出安排。

在选派范围上,《通知》强调,对党组织软弱涣散村和建档立卡贫困村要实行全覆盖,对赣闽粤等原中央苏区,陕甘宁、左右江、川陕等革命老区,内蒙古、广西、宁夏等边疆地区和民族地区,四川芦山和云南鲁甸、景谷等灾后恢复重建地区,要加大选派第一书记力度,做到应派尽派。

对于第一书记推动精准扶贫工作的主要职责任务,《通知》指出,第一书记应重点大力宣传党的扶贫开发和强农惠农富农政策,深入推动政策落实;带领派驻村开展贫困户识别和建档立卡工作,帮助村"两委"制定和实施脱贫计划;组织落实扶贫项目,参与整合涉农资金,积极引导社会资金,促进贫困村、贫困户脱贫致富;帮助选准发展路子,培育农民合作社,增加村集体收入,增强"造血"功能。

贫困村第一书记的选拔与选派关系着贫困地区最终的扶贫成

效，从因村派人精准扶贫管理方面来看，《通知》对第一书记的工作待遇、人事关系、任期、选拔晋升等方面制定了完善的政策和相应的规定。

案例 6-2　用生命诠释初心和使命的驻村第一书记黄文秀

黄文秀是来自广西百色一个贫困家庭的普通女孩，从北京师范大学硕士毕业后，黄文秀没有留在大城市工作，而是选择回到自己的家乡，响应党的号召，到贫困村担任驻村第一书记，2019 年 6 月 17 日凌晨，一心想早点儿回到村里部署抗洪工作的黄文秀，途中遭遇山洪，不幸牺牲。

黄文秀刚到村里工作时，也曾哭过鼻子，日记中她写道："大家见我是一个女生，对我也充满了好奇和期待……内心不禁觉得压力非常大。"面对陌生的村民，她挨家挨户上门走访，到贫困户家中也不是拿个本子问东问西，而是帮助贫困户打扫院子，做做农活，从不喝酒的她还会主动带上酒找村民小酌几杯。经过两个月的摸底，黄文秀基本上掌握了百坭村的全村概况，其中因学致贫、因病致贫的占比最高。

除了走访全村的贫困户之外，黄文秀还有针对性地对全村的党员、退休教师等进行了走访，了解全村村民需要解决的问题。在走访的过程中，黄文秀了解到，南方的雨季长、雨量多，2014 年已经修好的通屯砂石路已被雨水冲刷流失，一下雨，路面就泥泞不堪，坡度较陡的路段雨季摩托车都不能通行，还有一些路段因泥石流、滑坡等出现了垮塌。对于群众反映的问题，黄文秀记录在自己的驻村日记中，并向上级相关部门反映情况。

驻村第五个月,黄文秀在驻村日记里兴奋地写道:“我发现我的方言进步了,可以和贫困户完整地用桂柳话交流了。”为了脱贫,黄文秀通过学习考察、请专家指导、挨家挨户宣传等方式,帮大家引进了先进的砂糖橘种植技术,带领村民发展了种植砂糖橘、八角、杉木等产业,建立了百坭村电商服务站,教会村民做电商。这些产业,如今也成为百坭村的支柱产业和群众脱贫致富的主要来源。

黄文秀一直坚持将习近平总书记关于“六个精准”的论述作为开展扶贫工作的方法论,为了实现“帮扶措施”精准,按照县里的统一要求,黄文秀在村内组织召开了多轮研判会,针对全村未脱贫户、已脱贫户,每一位结对帮扶干部就自己帮扶贫困户的收入情况、产业发展情况进行汇总。对于已经脱贫的贫困户也不能降低帮扶力度,继续做好跟踪帮扶工作,同时建立返贫预警机制,巩固脱贫成效;对于未脱贫户则是因户施策,杜绝虚假脱贫和“数字”脱贫。同时,黄文秀坚持做好国家扶贫政策的宣传,提高群众的“知晓率”和“获得感”。

黄文秀驻村工作满一周年时,北京师范大学转载了黄文秀的文章《扶贫,从“新手”到“熟路”》,她在里面写道:“习近平总书记关于‘六个精准’的论述一直是我开展扶贫工作的方法论”,“扶贫之路,对我而言,更像是心中的长征。”

2019年6月17日凌晨,黄文秀永远地离开了我们。但黄文秀同志的事迹感动了无数人,习近平总书记对黄文秀同志先进事迹作出重要指示时表示,黄文秀同志不幸遇难,令人痛惜。黄文秀同志研究生毕业后,放弃大城市的工作机会,毅然回到家乡,在脱贫攻坚第一线倾情投入、奉献自我，用美好青春诠释了共产党人的初心使命，谱写了新时代的青春之歌。广大党员干部和青年同志要以黄文秀同志为榜样，不忘初心、牢记使命，勇于担当、甘于奉献，在新时代的长征路上做出新的更大贡献。

(四)精准考核是保障，解决好“如何退”的问题

习近平总书记指出，“扶贫工作必须务实，脱贫过程必须扎实，脱贫结果必须真实”。精准扶贫的目标是实现现有标准下的贫困人口到 2020 年全部脱贫，并且要保证扶贫成果真实可靠，具有可持续性。要实现脱贫成效精准，“五个精准”是保障。在此基础上，还需要加强脱贫退出全过程考核与评估，建立精准退出机制，确保“真脱贫，脱真贫”，解决好“如何退”的问题。

2016 年 4 月 28 日，中共中央办公厅、国务院办公厅印发了《关于建立贫困退出机制的意见》(后文简称《意见》)，明确了贫困人口、贫困户、贫困村、贫困县的脱贫退出标准，使精准扶贫有了着力重点、精准脱贫有了检验标准；同时还明确坚持正向激励，贫困人口、贫困村、贫困县退出后，在一定时期内国家原有扶贫政策保持不变，支持力度不减，留出缓冲期，确保实现稳定脱贫。

在贫困退出的基本原则方面，《意见》指出，贫困户、贫困村和贫困县退出应坚持实事求是的基本原则，对稳定达到脱贫标准的要及时退出，新增贫困人口或返贫人口要及时纳入扶贫范围。注重脱贫质量，坚决防止虚假脱贫，确保贫困退出反映客观实际、经得起检验。

在贫困退出的标准与程序方面，《意见》明确规定了贫困户退出的主要衡量标准是该户年人均纯收入稳定超过国家扶贫标准且吃穿不愁，义务教育、基本医疗、住房安全有保障。贫困村退出以贫困发生率为主要衡量标准，统筹考虑村内基础设施、基本公共服务、产业

发展、集体经济收入等综合因素。原则上贫困村贫困发生率降至2%以下(西部地区降至3%以下)。贫困县退出以贫困发生率为主要衡量标准。原则上贫困县贫困发生率降至2%以下(西部地区降至3%以下)。《意见》规定贫困人口退出必须实行民主评议,贫困村、贫困县退出必须进行审核审查,退出结果公示公告,让群众参与评价,做到全程透明。

在退出之后的监督问责方面,《意见》明确提出国务院扶贫开发领导小组、各省(自治区、直辖市)党委和政府要组织开展扶贫巡查工作,分年度、分阶段定期或不定期进行督导和专项检查。对贫困退出工作中发生重大失误、造成严重后果的,对存在弄虚作假、违规操作等问题的,要依纪依法追究相关部门和人员责任。

三、脱贫攻坚:啃硬骨头,攻坚拔寨

经过改革开放以来以政府为主导的,持续不断的大规模开发式扶贫,中国逐步走出了一条有自身特色的减贫道路。从1978年到2014年,中国累计实现7亿农村贫困人口的脱贫,取得了举世瞩目的减贫成就。但深度贫困问题仍然是制约中国经济社会发展的突出短板,截至2014年底,按照人均年收入2300元人民币的农村扶贫标准,中国仍有7071万农村贫困人口。剩余未脱贫的深度贫困人口集中在生态环境脆弱、经济社会发展水平滞后的集中连片特困地区,贫困程度深、扶贫开发难度大、成本高。实现到2020年全面脱贫、全面建成小康社会的既定目标,时间紧、任务重,需要进一步创新扶贫开发工作方法,凝聚全党全社会之力,全力冲刺,攻克最后难关。

2015年11月,中共中央政治局释放减贫新信号,标志着扶贫开发进入脱贫攻坚决胜阶段。在当年11月27日至28日召开的中央扶贫开发工作会议上，习近平总书记指出："脱贫攻坚已经到了啃硬骨头、攻坚拔寨的冲刺阶段，必须以更大的决心、更明确的思路、更精准的举措、超常规的力度，众志成城实现脱贫攻坚目标，决不能落下一个贫困地区、一个贫困群众。"[①]这次会议，关键词从"扶贫"转向"脱贫"，一字之变，凸显出精准扶贫进入脱贫攻坚决胜阶段的氛围。会议期间，中西部22个省、自治区、直辖市党政主要负责同志向中央签署了脱贫攻坚责任书。会议结束次日，中共中央、国务院印发《中共中央、国务院关于打赢脱贫攻坚战的决定》，明确到2020年，确保我国现行标准下农村贫困人口实现脱贫，贫困县全部摘帽，解决区域性整体贫困。2018年6月15日，中共中央、国务院印发《中共中央、国务院关于打赢脱贫攻坚战三年行动的指导意见》，按照党的十九大关于打赢脱贫攻坚战的总体部署，对完善脱贫攻坚顶层设计、强化政策措施、加强统筹协调、推动脱贫攻坚工作制定了一系列方针和指导性意见。2016年至今，一系列脱贫攻坚决策部署和重大政策举措相继出台，一场全党、全国、全社会参与的脱贫攻坚战正式打响。

专栏6-2　中共中央、国务院关于打赢脱贫攻坚战的决定(节选)

(一)指导思想

全面贯彻落实党的十八大和十八届二中、三中、四中、五中全会精神，以邓小平理论、"三个代表"重要思想、科学发展观为指导，深入贯彻习近平总书记系列重要讲话精神，围绕"四个全面"战略布局，牢固树立并切实贯彻创新、协调、绿色、开放、共享的发展理念，充分发挥政治优势和制度优势，把精准扶贫、精准脱贫作为基本方略，坚持扶贫开发

① 《习近平谈治国理政(第二卷)》，外文出版社2017年版，第84页。

与经济社会发展相互促进,坚持精准帮扶与集中连片特殊困难地区开发紧密结合,坚持扶贫开发与生态保护并重,坚持扶贫开发与社会保障有效衔接,咬定青山不放松,采取超常规举措,拿出过硬办法,举全党全社会之力,坚决打赢脱贫攻坚战。

(二)总体目标

到2020年,稳定实现农村贫困人口不愁吃、不愁穿,义务教育、基本医疗和住房安全有保障。实现贫困地区农民人均可支配收入增长幅度高于全国平均水平,基本公共服务主要领域指标接近全国平均水平。确保我国现行标准下农村贫困人口实现脱贫,贫困县全部摘帽,解决区域性整体贫困。

(三)基本原则

坚持党的领导,夯实组织基础。充分发挥各级党委总揽全局、协调各方的领导核心作用,严格执行脱贫攻坚“一把手”负责制,省市县乡村五级书记一起抓。切实加强贫困地区农村基层党组织建设,使其成为带领群众脱贫致富的坚强战斗堡垒。

坚持政府主导,增强社会合力。强化政府责任,引领市场、社会协同发力,鼓励先富帮后富,构建专项扶贫、行业扶贫、社会扶贫互为补充的大扶贫格局。

坚持精准扶贫,提高扶贫成效。扶贫开发贵在精准,重在精准,必须解决好扶持谁、谁来扶、怎么扶的问题,做到扶真贫、真扶贫、真脱贫,切实提高扶贫成果可持续性,让贫困人口有更多的获得感。

坚持保护生态,实现绿色发展。牢固树立绿水青山就是金山银山的理念，把生态保护放在优先位置，扶贫开发不能以牺牲生态为代价，探索生态脱贫新路子，让贫困人口从生态建设与修复中得到更多实惠。

坚持群众主体，激发内生动力。继续推进开发式扶贫，处理好国家、社会帮扶和自身努力的关系，发扬自力更生、艰苦奋斗、勤劳致富精神，充分调动贫困地区干部群众积极性和创造性，注重扶贫先扶智，增强贫困人口自我发展能力。

坚持因地制宜，创新体制机制。突出问题导向，创新扶贫开发路径，由“大水漫灌”向“精准滴灌”转变；创新扶贫资源使用方式，由多头分散向统筹集中转变；创新扶贫开发模式，由偏重“输血”向注重“造血”转变；创新扶贫考评体系，由侧重考核地区生产总值向主要考核脱贫成效转变。

（一）攻克深度贫困

脱贫攻坚有几块硬骨头要啃，最难啃的就是以“三区三州”为代表的深度贫困地区，包括西藏自治区、新疆南疆四地州、四省（青海、四川、甘肃、云南）藏区和甘肃临夏州、四川凉山州、云南怒江州，以及贫困发生率超过 18％的贫困县和贫困发生率超过 20％的贫困村。以“三区三州”为代表的深度贫困地区生态脆弱、经济社会发展基础薄弱、贫困成因复杂、贫困程度深，是脱贫攻坚的重中之重，是目前中国最困难、最需要帮助的地区。补齐这些短板是打赢脱贫攻坚战、全面建成小康社会的关键。

2017 年 6 月 23 日，习近平总书记在深度贫困地区脱贫攻坚座谈会上对深度贫困地区脱贫攻坚作出重要战略部署。他指出，深度贫困是脱贫攻坚的主要难点,集中连片深度贫困地区、贫困县及贫困村在致贫原因及贫困现象上有诸多共同点:一是集革命老区、民族地区、边疆地区于一体。深度贫困县中,有革命老区县55个,少数民族县113个。自然地理、经济社会、民族宗教、国防安全等问题交织在一起,加大了脱贫攻坚的复杂性和难度。二是基础设施和社会事业发展滞后。深度贫困地区生存条件比较恶劣,自然灾害多发,地理位置偏远,地广人稀,资源贫乏。西南缺土,西北缺水,青藏高原缺积温。这些地方的建设成本高,施工难度大,要实现基础设施和基本公共服务主要领域指标接近全国平均水平难度很大。三是社会发育滞后,社会文明程度低。由于历史等方面的原因,许多深度贫困地区长期封闭,同外界脱节。有的民族地区,尽管解放后实现了社会制度跨越,但社会文明程度依然很低,人口出生率偏高,生病不就医、难就医、乱就医,很多人不学汉语、不识汉字、不懂普通话,大孩子辍学带小孩。有的地区文明法治意识淡薄,家族宗教势力影响大,不少贫困群众沿袭陈规陋习,有病不就医靠信教、搞法事,婚丧嫁娶讲排场、搞攀比,“一婚十年穷”。不少群众安于现状,脱贫内生动力严重不足。四是生态环境脆弱,自然灾害频发。深度贫困地区往往处于全国重要生态功能区,生态保护同经济发展的矛盾比较突出。还有一些地方处在地质灾害频发地带,“十年一大灾、五年一中灾、年年有小灾”,实现脱贫和巩固脱贫成果都存在很大不确定性。五是经济发展滞后,人穷村也穷。很多深度贫困村发展产业欠基础、少条件、没项目,少有的产业项目结构单一、抗风险能力不足,对贫困户的带动作用有限。深度贫困县村均集体收入只有8800多元,同所有贫困县平均5万元相比,差距较大。

2017年11月,中共中央办公厅、国务院办公厅印发《关于支持深度贫困地区脱贫攻坚的实施意见》(后文简称《意见》)。《意见》指出:

其一，中央统筹，重点支持“三区三州”及其他深度贫困地区。从中央财政投入、金融扶贫投入、项目布局倾斜、易地扶贫搬迁力度、生态扶贫力度、干部人才支持、社会帮扶力度等多方面为深度贫困地区构筑保障体系。其二，落实行业主管责任，统筹支持解决深度贫困地区贫困问题。重点解决因病因残致贫、住房及饮水安全等问题，加强教育扶贫、就业扶贫、基础设施建设、土地政策支持和兜底保障工作，打出政策组合拳。其三，统筹整合地方资源，集中力量解决本区域内深度贫困问题。落实脱贫攻坚省负总责的主体责任，明确区域内深度贫困地区，做实做细建档立卡，建立精准识别及退出的动态管理机制，强化驻村工作队及第一书记工作队伍，强化贫困村基础设施及公共服务体系建设、村集体经济建设等等。其四，发挥政治优势及制度优势，凝聚社会各方帮扶力量，激发贫困群众主动性和脱贫致富内生动力。

案例 6-3 攻克深度贫困：“三区三州”深度贫困地区扶贫实践[①]

四川凉山彝族自治州：帮扶干部助力拔穷根

10月12日，四川凉山州宁南县海子乡关坪村驻村帮扶工作队队长窝底日初刚刚从县城返回村里，村里61岁的彝族老阿妈阿力木歪杂就过来找他。

窝底日初以为老阿妈遇到了什么难题，赶忙把她迎进屋里，询问发生了啥事，没想到老阿妈说：“窝底队长，彝族年时你们来我家过年，到时候杀猪，你要来帮忙哈！”连着叮嘱了两遍，这才放心地走了。

窝底日初知道，帮忙是假，老乡们已经不把自己当外人

① 周洪双等：《看“三区三州”如何啃下脱贫硬骨头》，《光明日报》2018年10月17日。

才是真。

图 6-5　四川省宁南县海子乡关坪村新貌

2015年9月，身为宁南县纪委副书记的窝底日初被选派为关坪村驻村帮扶工作队队长，宣布最新任命时，窝底日初毫不犹豫地欣然接受："我们对口帮扶的村是一个彝族村，而我就是彝族人，懂彝语，好沟通，干这个队长最合适。"

经过两个多月的走访，窝底日初带着帮扶工作队走遍了全村所有人家，笔记本记了满满一本，帮扶方案也逐步完善。之后，通村水泥路、民俗文化活动坝子、村公所、文化墙、多功能房、一村一幼、卫生室等相继建成，烤烟、林业、畜牧等产业逐步壮大，这个贫困村走上了致富路。

目前，关坪村年均种植烤烟超过2000亩；现有牛1000余头、羊2000余只，正逐步形成"卓作火史"畜牧产品品牌；栽种核桃10400亩、青花椒20万株以上。数十户贫困户甩掉了贫困的帽子，也把帮扶干部当作了自己的亲人。

决战贫困，不胜不休。2018年6月，四川在省内各级各地已经派往凉山州的帮扶力量的基础上，再选派3500余人深入凉山，开展为期3年的脱贫攻坚和综合帮扶工作。相关市县和行业系统随即选派精兵强将分赴凉山各地，与当地干部群众一起，向贫困发起了总攻。

在石板滩村，他们借助原有的养蜂基础，扶持带头大户，通过“借蜂还蜂”的方式逐步辐射到全乡贫困户，短短一个多月，40 群蜂发展到 60 群蜂；在千万贯村，他们试种了 8 个不同品种的冬季牧草，牧草生长状况良好，如今已有两三尺高，村民看到效果，纷纷跑来要种子，种植面积已由 3 亩发展到 90 亩，将极大缓解牛羊过冬无饲料的难题；他们积极联系专家，开展脐橙种植、牛羊养殖等技术培训 20 多次，还留下电话方便随时远程指导，为当地培养了一批永远不走的“土专家”……

三个月过去，帮扶成效已经开始显现，帮扶干部也融入了当地群众。他们说农家话、走农家路、吃农家饭，人人变得脸膛黑红，爬坡越坎健步如飞。

青海、甘肃、四川、云南四省藏区：加速向全面小康迈进

做强特色产业、深挖旅游资源、加强智力扶贫……青海、甘肃、四川、云南四省藏区多措并举、全力以赴，推动藏区把区域特色优势转化为经济优势，实现经济发展由“被动输血”向“自我造血”转变，脱贫攻坚不断取得新进展。

四省藏区是极具代表性的深度贫困地区，也是脱贫攻坚战的主战场。今天，这里正发生着天翻地覆的变化，广大农牧民群众正在加速向全面小康社会迈进。

“今年我把县上给的 8 箱蜂、19 亩林地、扶贫搬迁的钱都入股了，签完合同就出去打工，没想到刚回到家就领到 1000 元，真是太高兴了。”在甘肃省甘南州卓尼县朝勿村，村民徐小红拿到分红后，笑得合不拢嘴。

“守着薄田度日、靠着天时吃饭”是曾经朝勿村的真实写照，根深蒂固的传统耕作方式和因循守旧的保守思想一

直难以改变。2017年,朝匆村在全乡率先注册成立了集体经济——卓尼县朝匆村富民产业旅游文化发展股份有限公司,将资源变资产,把资金变股金,使农民变股民。截至目前,村集体收益18万元,每户首次分红1000元,村集体年收入预计达30万元。

10月11日,在云南省迪庆藏族自治州德钦县奔子栏镇,首届锅庄文化艺术节在欢歌笑语中拉开帷幕。远道而来的中国民间文艺家协会副主席沙马拉毅将一块"中国藏族锅庄舞文化之乡"牌匾授予了奔子栏镇。当地的藏族青年男女身着艳丽的藏族特色服装,载歌载舞,让现场嘉宾、观众领略到了奔子栏锅庄舞的独特魅力。

德钦县近年来深挖丰富的旅游资源,做好佛山乡溜筒江村、云岭乡西当村、拖顶乡大村、霞若乡施坝村、霞若乡粗卡通村5个行政村的乡村旅游扶贫规划相关工作,同时坚持开发与保护并重,不断升级完善旅游线路和旅游产品,积极融入互联网经济,努力为游客提供低价、优质、高效、便捷的旅游服务。2017年,德钦县旅游经济运行良好,全年共接待海内外游客259万人次,比上年同期增长12%;实现旅游社会总收入17亿元,同比增长11%。

四川省甘孜藏族自治州理塘县海拔高,水资源良好,日照充足,生态环境好,多家农产品种植企业取得有机食品认证。该县于2017年成功申报"国家级电子商务进农村综合示范县"项目。该项目以电子商务平台为抓手,为边远农村的生态农牧产品进城提供畅通渠道。目前,理塘县农村电子商务综合服务中心提档升级基本完成,乡镇服务站、脱贫村村级服务点已实现全覆盖。康定市民吴正容说:"以前买理塘农特产品，都得等他们来搞展销，现在好了，网上下单就可以经常吃到新鲜的理塘蔬菜了。”

扶贫先扶智，青海省始终把教育扶贫作为阻断贫困代际传递的治本之策。青海省扶贫开发局相关负责人说，青海全面落实西宁、海东两市贫困家庭和藏区六州全部学生15年免费教育政策，每年约80万名学生从中获益；充分利用对口支援和东西协作机制，采取异地办班方式向东部发达省市输送农牧区学生9500余名；深入推进“控辍保学”工作，坚决杜绝因贫辍学现象发生，2.36万名辍学生重返校园，义务教育巩固率达到94.2%。

（二）易地扶贫搬迁

易地扶贫搬迁是脱贫攻坚的第二块硬骨头。深度贫困问题是制约如期打赢脱贫攻坚战、实现全面小康社会的短板。植根于“一方水土养不起一方人”的恶劣环境中的贫困问题则是短板中的短板。实施精准扶贫战略以来，易地扶贫搬迁逐步成为精准扶贫“五个一批”工程的重要内容之一。“易地搬迁脱贫一批”，就是把生活在“一方水土养不起一方人”的深度贫困地区且难以实现就地脱贫的建档立卡贫困户搬迁安置到其他地区，并通过改善安置区的生产生活条件、调整经济结构和拓展增收渠道，帮助搬迁人口逐步脱贫致富。

易地扶贫搬迁在国内经过了地方探索、试点推广及大规模有计划实施三个阶段。20世纪80年代，在“三西”地区扶贫开发中率先开启了易地扶贫搬迁的探索，并逐步受到国家重视。21世纪初至2015年，国家发展和改革委员会在内蒙古、贵州、云南、宁夏等地逐步扩大易地扶贫搬迁试点范围，并设立中央预算推动易地扶贫搬迁工程。

2015年末打响脱贫攻坚战以来，为解决“一方水土养不起一方人”的深度贫困问题，国家对新时期的易地扶贫搬迁进一步展开一系列部署。2015年底，国务院召开全国易地扶贫搬迁工作电视电话会议，指出今后五年内，对生存条件恶劣的1000万贫困人口实施易地扶贫搬迁。国务院扶贫开发领导小组专题会议明确指出，易地扶贫搬迁是实施精准扶贫、精准脱贫的有力抓手，是全面建成小康社会、跨越中等收入陷阱的关键举措。易地扶贫搬迁要尊重群众意愿、整合扶贫资源，坚持搬迁与发展“两手抓”，妥善解决搬迁群众的生产生活、就医就学等问题，确保贫困群众搬得出、稳得住、有事做、能致富，逐步融入当地社会。会上，中央领导同志的重要讲话和指示精神为新时期易地扶贫搬迁工作指明了方向。2016年9月，为加快实施“十三五”期间易地扶贫搬迁工程，通过“挪穷窝”“换穷业”“拔穷根”从根本上解决1000万贫困户的稳定脱贫问题，国家发展和改革委员会颁布《全国“十三五”易地扶贫搬迁规划》(后文简称《规划》)。《规划》强调坚持“精准识别，精准搬迁”“群众自愿，应搬尽搬”“保障基本，完善配套”“整合资源，稳定脱贫”的基本原则，对迁出区域与搬迁对象、搬迁方式与安置方式、主要建设任务、资金测算筹措及运作、搬迁进度及投资安排、搬迁人口脱贫发展以及保障措施等方面进行了统一部署。《规划》主张“挪穷窝”与“换穷业”并举，加大投入、创新机制、因地制宜、综合施策，确保实现搬迁一户、脱贫一户，坚决打赢易地搬迁脱贫攻坚战。

截至2019年10月，“十三五”规划建设的安置住房完工率达96%以上，已入住建档立卡搬迁群众800多万人，各地已为约90%的搬迁群众落实后续扶持政策，已有700多万建档立卡贫困搬迁人口实现脱贫摘帽。易地扶贫搬迁是解决“一方水土养不起一方人”地区贫困群众脱贫问题的根本途径，许多贫困地区、贫困群众通过易地扶贫搬迁摆脱了原生恶劣环境，开启了小康新生活。位于四川凉山州昭觉县支尔莫乡的“悬崖村”，就是易地扶贫搬迁、决战脱贫攻坚的一个鲜活的例子。四川大凉山深处的阿土勒尔村位于海拔1400多米的悬崖之上，被人称作“悬崖村”，垂直于绝壁的17条藤梯曾是村民与外界相连的唯一方式。2016年11月，在当地扶贫工作推动下，“悬崖村”的路由藤梯变成了钢梯。接下来村里有了很多个“第一”，第一所幼儿园、第一个小卖部、第一条货运索道……2020年5月，84户村民走下钢梯上楼梯，搬进了县城的新家。未来，“悬崖村”还将进行旅游开发。“悬崖村”搬迁的例子是决胜脱贫攻坚战的一个缩影，从“养不起一方人”的高山悬崖到基础条件更好的新家，贫困群众生活改善立竿见影，也对新生活充满憧憬。摆脱原生的恶劣生活环境后，搬迁居民获得了更为完善的基础设施和公共服务，也获得了更多的发展机会和收入来源。“悬崖村”的扶贫搬迁工作，将搬迁点建设与搬出点旅游建设双线推进，将扶贫搬迁与家乡建设有效统一起来，既要脱贫发展也要绿水青山，成为易地扶贫搬迁、决胜脱贫攻坚的一个典型样本。

（三）健康扶贫拔穷根

疾病与贫困之间的恶性循环，长久以来是农村地区贫困的重要原因之一，因病因残致贫、因病返贫也是制约脱贫攻坚的重要因素。按照2018年建档立卡的数据，建档立卡贫困户中因病因残致贫比例分别超过40%、14%，65岁以上的老年人的比例超过16%。因病因残致贫在贫困人口中所占比例高，因病因残致贫人群抗风险能力低、返贫风险大，不能用传统的经济发展和产业扶贫的思路来进行治理。因此，随着脱贫攻坚的深入，健康扶贫成为精准扶贫、精准脱贫的重要举措之一。2015年11月，《中共中央、国务院关于打赢脱贫攻坚战的决定》中提出,开展医疗保险和医疗救助脱贫。实施健康扶贫工程,保障贫困人口享有基本医疗卫生服务,努力防止因病致贫、因病返贫。2016年6月,国家卫生计生委会同国务院扶贫办等14部门联合发布《关于实施健康扶贫工程的指导意见》,明确提出实施健康扶贫工程,推进健康中国建设,防止因病致贫、因病返贫,实现到2020年让农村贫困人口摆脱贫困的目标。2017年11月,中共中央办公厅、国务院办公厅印发《关于支持深度贫困地区脱贫攻坚的实施意见》,明确强调"重点解决因病因残致贫问题"。2018年6月,在《中共中央、国务院关于打赢脱贫攻坚战三年行动的指导意见》(后文简称《意见》)中明确指出,未来3年,还有3000万左右农村贫困人口需要脱贫,其中因病、因残致贫比例居高不下,为如期完成脱贫攻坚任务带来巨大挑战。因此,《意见》强调深入实施健康扶贫工程,将贫困人口全部纳入城乡居民基本医疗保险、大病保险和医疗救助保障范围,从扶贫医疗救助、"先诊疗后付费"一站式服务、贫困地区乡镇村卫生室建设、农村医生培养政策、乡村医生签约服务、健康扶贫专项宣传及诊疗行动等方面实施贫困地区健康促进三年行动计划。

案例6-4　红安健康扶贫"4321"模式

革命老区红安县率先探索健康扶贫,为解决因病因残致贫问题提供了生动样本。红安县原是集革命老区、资源匮乏区、贫困地区、优抚集中区"四区一体"的国定贫困县,贫困人口多、贫困程度深,脱贫难度大。红安县因病致贫比例高、因病致贫人口基数大,2014年精准识别数据显示,红安县因病致贫返贫人数占全县贫困人口总数的61%。加之过去农村地区基础设施差、公共医疗不完善,"小病拖、大病扛,扛不过去亲人帮"是过去红安贫困群众因病致贫的真实写照。2015年以来，红安县委、县政府高度重视健康扶贫，逐步确立了“精准脱贫、健康先行”，拔“病根”除“穷根”的扶贫思路。红安县率先探索“4321”健康扶贫模式，落实四定原则（定救助对象、定就诊机构、定兜底标准、定报账方式），推行三大举措（先诊疗后付费、报账一站式、就诊一卡通），强化两项保障（健康全管理、就医全兜底），达到一个目标（绝不让一个贫困户再因病致贫、因病返贫）。经过几年的不断探索和完善，健康扶贫成为红安县贫困群众最受欢迎、最需要、最实惠的扶贫项目。通过健康扶贫，红安逐步实现了让贫困对象“看得起病、少生病、看得好病”和“方便看病”。红安健康扶贫的突出成效引起社会广泛关注，“4321”模式被评为全国基层改革创新50个优秀案例之一并在全国推广。红安健康扶贫获得联合国人权组织认可，并吸引了国际社会关注考察。[①]

据统计，红安县贫困人口占全县人口的17%。到2016年10月，该县未脱贫贫困户22303户、52520人。该县制定了《红安县医疗救助实施办法》，探索推行健康扶贫“4321”模式。

“四”即落实“四定”原则：一定救助对象。全县锁定50765名贫困对象享受健康扶贫政策。二定就诊机构。确定2家省级医院，县内3家二级医院和14家一级医院作为健康扶贫定点医疗机构。三定兜底标准。通过政府购买医疗救助补充保险，确定救助对象住院医疗费用实际报销比例达90%以上，当年住院自付费用累计不超过5000元。四

① 向德平、黄承伟：《红安：发展性贫困治理》，研究出版社2019年版，第31页。

定报账方式。救助对象在定点医疗机构住院治疗，办理出院手续时，仅凭三证(身份证、合作医疗证、健康扶贫医疗救助证)在专用服务窗口即可一站式结算、一次性完成。

“三”即推行三大举措：一是入院不缴费。救助对象住院一律取消新农合起付线和入院预付金，实行“先诊疗、后付费”。二是报账一站式。简化住院报销结算流程，健康扶贫对象在出院时只需支付自费部分即可，其他费用由医院先行垫付，然后集中到各部门结算。三是就诊一卡通。全县各级定点医疗机构设立健康扶贫绿色通道，省、县、乡三级定点医疗机构双向转诊、分级诊疗、无缝对接，一站直达。

“二”即健全“两全”机制：一是健康全管理。红安对健康扶贫对象落实“五个一”机制，每人建立一份健康档案，做到无病早防，有病早治。二是就医全兜底。县政府投入2591.3万元为全县健康扶贫对象购买医疗救助补充保险。新农合报销后未达到90%的，差额部分由保险公司赔付；健康扶贫对象当年住院自付费用累计超过5000元，超过部分由保险公司赔付。

“一”即让健康扶贫对象“少生病、少花钱”，努力实现“绝不让一个贫困户再因病致贫、因病返贫”的目标。截至2016年11月底，全县完成健康扶贫对象免费体检50549人次，住院诊疗18868人次，住院医疗总费用10402.3万元，其中新农合报销6397.2万元，政策兜底3076.6万元(含大病保险)，群众自付870.9万元，平均住院医疗支出仅为461.6元，较健康扶贫前平均住院医疗支出下降达1578元。

健康扶贫对象就医负担大幅减轻。[①]

(四)扶志扶智生动力

内生动力不足是脱贫攻坚的第四块硬骨头。“坐在门口晒太阳，等着政府送小康”非常形象地描述了这部分人的状况。不论东方抑或西方，在贫困治理及公共福利事业中，“福利依赖”“政策依赖”及“懒汉思维”并不少见。精准扶贫过程中，绝大多数贫困户在政策帮扶和自身努力下都能摆脱贫困，走上脱贫致富奔小康的道路。但精准扶贫以来，也有一小部分贫困户存在“等靠要”思想。此外，深度贫困地区长期的贫困现象，与恶劣、封闭的自然条件及生活环境下贫困户的文化教育水平、整体素质偏低有重要关联。“授人以鱼，不如授之以渔”，加大教育扶贫、科技扶贫、文化扶贫的力度，对于切断贫困文化的代际传递具有重要意义。脱贫攻坚强调扶贫要“扶志扶智”，既要激发贫困户内生性的脱贫意愿及动力，也要确保贫困户有脱贫的能力，这对摆脱深度贫困具有关键意义。

早在 20 世纪 80 年代末 90 年代初，习近平同志在闽东九县调查时即提出“弱鸟先飞”“扶贫先扶志”的思想，主张在思想意识层面淡化贫困意识，激发贫困户、贫困地区的内生动力及能动性，通过自身努力，利用自身优势、政策优势“弱鸟先飞”，摆脱贫困。大规模开发式扶贫以来，绝大多数贫困问题得到缓解，剩余的深度贫困问题往往不仅仅是物质贫困问题，更是精神贫困、思想贫困、动力贫困问题。2016 年以来，脱贫攻坚进入决胜阶段，必须进一步探索“扶贫先扶志，治贫先治愚”的帮扶举措，将扶志、扶智结合起来，提高贫困群众

---

① 《红安推进健康扶贫“4321”模式　贫困户住院费用大幅减轻》，资料来源：2016 年 12 月 6 日湖北省人民政府门户网站。

脱贫主动性及致富能力,实现“造血式”扶贫、内生性脱贫。2015年11月27日,习近平总书记在中央扶贫开发工作会议上的讲话中指出:“幸福不会从天降,好日子是干出来的,脱贫致富终究要靠贫困群众用自己的辛勤劳动来实现。要尊重扶贫对象主体地位,各类扶贫项目和扶贫活动都要紧紧围绕贫困群众需求来进行,支持贫困群众探索创新扶贫方式方法。”2016年7月20日,习近平总书记在东西部扶贫协作座谈会上的讲话中指出:“摆脱贫困首要并不是摆脱物质的贫困,而是摆脱意识和思路的贫困。扶贫必扶智,治贫先治愚。贫穷并不可怕,怕的是智力不足、头脑空空,怕的是知识匮乏、精神委顿。脱贫致富不仅要注意富口袋,更要注意富脑袋。东西部扶贫协作和对口支援要在发展经济的基础上,向教育、文化、卫生、科技等领域合作拓展,贯彻‘五位一体’总体布局要求。”2017年6月23日,习近平总书记在山西考察期间召开深度贫困地区脱贫攻坚座谈会。在会上,总书记强调加大内生动力培育力度,将扶贫与扶智、扶志结合起来,消除“靠着墙根晒太阳,等着别人送小康”现象,培育并调动贫困地区及贫困群众脱贫致富的内在活力和自我发展能力。2018年6月15日发布的《中共中央、国务院关于打赢脱贫攻坚战三年行动的指导意见》强调:通过“农民夜校”“讲习所”等行动加强文化教育扶贫,防止“养懒汉”“等靠要”不良习气;加大以工代赈、自助式帮扶行动力度,激发贫困群众脱贫致富自主性;总结推广脱贫攻坚典型,发扬脱贫致富贫困户的示范带动作用;推动乡村移风易俗,深入推动文化扶贫,引导贫困地区、贫困群众培育积极向上的公共文化氛围,等等。2018年10月,国务院扶贫办、中央组织部、中央宣传部等13个部门联合发布《关于开展扶贫扶志行动的意见》,强调扶贫扶志,激发贫困群众内生动力是中国特色扶贫开发的显著特征,也是打赢脱贫攻坚战的重要举措。

案例 6-5　山东济宁精神扶贫实践

山东济宁的精神扶贫实践，是脱贫攻坚扶志扶智的一个缩影，也折射出新时代减贫行动的时代意涵。位于齐鲁大地的山东济宁，作为儒家文化的发源地及中华文明的重要发祥地，在精神扶贫实践中既继承发扬孝忠爱亲、扶贫济困、乐善好施的光荣传统，也将精准扶贫以来志智双扶的理念转化为创造性实践，为实现“扶贫先扶志，治贫先治愚”探索了一条可持续、可学习、可复制的精神扶贫道路。山东济宁精神扶贫以“人”“文”“地”“产”“景”为主体的社区营造来建设扶志扶智的社区环境，以齐鲁之地的文化优势将“扶志”“扶智”相结合，以产业扶贫构筑扶志扶智的物质基础，以教育扶贫阻断贫困代际传递，以技能扶贫提升贫困人群脱贫能力，以健康扶贫解决贫困人群后顾之忧，为脱贫致富构建起长效机制。[①]

在扶贫工作中，济宁市强化优秀传统文化的引领作用，注重扶贫同扶志、扶智相结合，实施“育德＋扶志＋解困”精神扶贫新模式，通过推行乡村儒学、孔子学堂等模式，聘请专业讲师深入农村社区长期授课。党的十九大后，济宁市又启动了“扶志”“扶智”大讲堂，为贫困群众送文化、送技术。[②]

---

① 向德平、黄承伟等：《扶贫先扶志——济宁摆脱精神贫困案例研究》，华中科技大学出版社 2020 年版，第 137 页。

② 《优秀文化引领！济宁在扶贫“扶志”又“扶智”方面都干了啥》，资料来源：2018 年 1 月 7 日齐鲁网。

四、大扶贫格局:凝聚精准扶贫的强大合力

2013年至2016年,我国农村贫困人口减少5564万人,农村贫困发生率年均下降1.4个百分点。十八大以来,以习近平同志为核心的党中央把脱贫攻坚工作纳入"五位一体"总体布局和"四个全面"战略布局,全面打响脱贫攻坚战。脱贫攻坚五年中取得了决定性进展,贫困发生率降至4%以下。但要实现2020年农村贫困人口全部脱贫、共同进入小康社会的目标,仍面临不小的挑战。2018年至2020年3年内,仍然有3000多万贫困人口要脱贫,这个规模虽然只有5年前贫困人口的三分之一,但扶贫越到后面任务就越艰巨。脱贫攻坚后三年,扶贫的重点和难点在于"三区三州"深度贫困地区复杂的贫困成因、薄弱的基础条件、返贫的风险。国际经验也显示,当贫困人口的比例低于百分之十以后,扶贫的方式必须从宏观层面转向微观层面。因此,党的十九大明确把精准脱贫作为决胜全面建成小康社会必须打好的三大攻坚战之一,强调必须巩固脱贫成果,确保脱贫成效,由"打赢"向"打好"转变,从关注脱贫速度转向提升脱贫质量。

在"打好"脱贫攻坚战的语境下,党的十九大报告进一步强调建立"专项扶贫、行业扶贫、社会扶贫"三位一体的大扶贫格局,注重扶贫同扶志、扶智相结合,深入实施东西部扶贫协作,重点攻克深度贫困地区脱贫攻坚任务,确保到2020年我国现行标准下农村贫困人口实现脱贫,贫困县全部摘帽,解决区域性整体贫困。2018年6月,《中共中央、国务院关于打赢脱贫攻坚战三年行动的指导意见》指出:"充分发挥政府和社会两方面力量作用,强化政府责任,引导市场、社会协同发力,构建专项扶贫、行业扶贫、社会扶贫互为补充的大扶贫格局。"社会主义共同富裕的本质属性,以及脱贫攻坚任务的紧迫性及

挑战性，都要求凝聚全党全社会力量参与精准扶贫精准脱贫行动。脱贫致富不仅仅是贫困地区的事情，也是全社会的事情。强调大扶贫格局，既要强化东西部协作扶贫，发挥东部地区带动作用以促进区域协调发展，也需要进一步深化定点扶贫，动员市场主体、社会主体及个人广泛参与扶贫事业，凝聚各方力量，形成全社会广泛参与的脱贫攻坚格局。

专栏 6-3　打赢脱贫攻坚战三年行动的工作要求

坚持严格执行现行扶贫标准。严格按照“两不愁、三保障”要求，确保贫困人口不愁吃、不愁穿；保障贫困家庭孩子接受九年义务教育，确保有学上、上得起学；保障贫困人口基本医疗需求，确保大病和慢性病得到有效救治和保障；保障贫困人口基本居住条件，确保住上安全住房。要量力而行，既不能降低标准，也不能擅自拔高标准、提不切实际的目标，避免陷入“福利陷阱”，防止产生贫困村和非贫困村、贫困户和非贫困户待遇的“悬崖效应”，留下后遗症。

坚持精准扶贫精准脱贫基本方略。做到扶持对象精准、项目安排精准、资金使用精准、措施到户精准、因村派人（第一书记）精准、脱贫成效精准，因地制宜、从实际出发，解决好扶持谁、谁来扶、怎么扶、如何退问题，做到扶真贫、真扶贫，脱真贫、真脱贫。

坚持把提高脱贫质量放在首位。牢固树立正确政绩观，不急功近利，不好高骛远，更加注重帮扶的长期效果，夯实稳定脱贫、逐步致富的基础。要合理确定脱贫时序，不搞层层加码，不赶时间进度、搞冲刺，不搞拖延耽误，确保脱贫攻坚成果经得起历史和实践检验。

坚持扶贫同扶志扶智相结合。正确处理外部帮扶和贫困群众自身努力的关系,强化脱贫光荣导向,更加注重培养贫困群众依靠自力更生实现脱贫致富的意识,更加注重提高贫困地区和贫困人口自我发展能力。

坚持开发式扶贫和保障性扶贫相统筹。把开发式扶贫作为脱贫基本途径,针对致贫原因和贫困人口结构,加强和完善保障性扶贫措施,造血输血协同,发挥两种方式的综合脱贫效应。

坚持脱贫攻坚与锤炼作风、锻炼队伍相统一。把脱贫攻坚战场作为培养干部的重要阵地,强化基层帮扶力量,密切党同人民群众血肉联系,提高干部干事创业本领,培养了解国情和农村实际的干部队伍。

坚持调动全社会扶贫积极性。充分发挥政府和社会两方面力量作用,强化政府责任,引导市场、社会协同发力,构建专项扶贫、行业扶贫、社会扶贫互为补充的大扶贫格局。

(一)专项扶贫:全面统筹,整体推进

专项扶贫指的是由国家财政部门拨付专项扶贫资金,在中央及省级政府部门总体领导下,各级地方政府及相关扶贫机构将上级的工作安排及工作指标层层分解,下发到县、村一级及具体贫困户的扶贫项目。精准扶贫及脱贫攻坚期间,主要的专项扶贫项目包括:易地扶贫搬迁、整村推进、以工代赈、产业扶贫、就业促进、扶贫试点、革命老区建设等。

通过中央财政专项扶贫资金的统一规划和调配,国家和各级政府围绕脱贫攻坚的总体目标及具体要求可以统筹使用、调用财政资

源，形成脱贫攻坚合力，发挥整体效益。2017年3月，财政部、国务院扶贫办、国家发展改革委等六部门联合发布《中央财政专项扶贫资金管理办法》，对专项扶贫资金的资金分配及使用范围、资金管理及监督等方面进行统一部署。中央财政专项扶贫资金支出方向涵盖扶贫发展、以工代赈、少数民族发展、“三西”农业建设、国有贫困农场扶贫、国有贫困林场扶贫等。在资金使用上，强调使用精准，将专项扶贫资金与建档立卡结果相衔接，与脱贫成效挂钩，切实保证专项资金惠及贫困人口。在专项扶贫的范围上，偏重对中西部贫困地区、革命贫困老区、少数民族贫困地区、贫困边疆地区、集中连片特困地区进行资金倾斜，聚焦脱贫攻坚主战场。在资金支出范围与下达方面，则强调各地区按照国家扶贫开发整体规划使用资金，但各地方也保有因地制宜、因户施策的自主性，可根据自身状况一定程度上灵活确定专项资金使用范围及创新资金使用机制。例如，专项扶贫资金权限下放，涉农资金整合统筹使用，探索推广政社资本合作、政府购买服务、资产收益扶贫等等，以培养壮大贫困地区特色产业、改善贫困地区基础设施、增强贫困地区及贫困人群抗风险能力及自我发展能力。

表6-1　2020年中央财政专项扶贫资金分配计划表①

单位：万元

省　份	下达资金数
河北	339848
山西	386423
内蒙古	239958
辽宁	113744
吉林	156818

① 资料来源：《国务院扶贫开发领导小组关于下达2020年度中央财政专项扶贫资金计划的通知》。

(续表)

省　份	下达资金数
黑龙江	241782
江苏	44350
浙江	56597
安徽	354106
福建	117296
江西	328719
山东	135366
河南	575685
湖北	585754
湖南	570503
广东	69486
广西	909189
海南	153991
重庆	234765
四川	1131338
贵州	1232286
云南	1528810
西藏	741508
陕西	604594
甘肃	1113880
青海	362884
宁夏	286203
新疆	1327629
新疆生产建设兵团	20000

专项扶贫既能使得脱贫攻坚“全国一盘棋”,由国家及中央财政总体规划、总体调配,也能给予地方在专项扶贫资金的使用上一定的主动性,从而发挥中央与地方两个积极性,在统一协调推动中因地制

宜地推进全国各地的脱贫攻坚事业。在专项扶贫工程的统筹之下，各地方全面有序推进脱贫攻坚行动，积极探索专项扶贫在优势及特色产业发展、金融扶贫及小额信贷、易地扶贫搬迁、整村推进、就业及技能扶贫、消费扶贫以及专项资金精准到户等方面的具体实践模式，以创新专项扶贫模式，革新资金使用方式，推动精准扶贫多元化格局，助力打赢脱贫攻坚战。

（二）行业扶贫：各行各业，协同发力

行业扶贫强调各行各业在扶贫工作中的重要性和主体性。在行业扶贫过程中，国家各级政府将各行各业扶贫任务进行逐级分工，将扶贫目标及任务细分给具体实施行业单位及责任人，使各行各业在明确的权责分工下共同参与脱贫攻坚事业。《中国农村扶贫开发纲要（2011—2020 年）》明确了行业扶贫的职责范畴："各行业部门要把改善贫困地区发展环境和条件作为本行业发展规划的重要内容，在资金、项目等方面向贫困地区倾斜，并完成本行业国家确定的扶贫任务。"行业扶贫的主要内容包括：明确部门职责、发展特色产业、开展科技扶贫、完善基础设施、发展教育文化事业、改善公共卫生和人口服务管理、完善社会保障制度、重视能源和生态环境建设等。

行业扶贫的基本特征是，按照法定的部门职能分工，运用各行业部门所能配置的公共资源（包括公共财政资源、自然资源、人才资源、技术资源、文化资源、项目资源、政策资源等），从规划制定、产业布局、项目投资、转移支付、政策优惠等方面，向贫困地区倾斜，完成国家对本行业确定的扶贫任务。大规模开发式扶贫以来，参与扶贫开发的主体逐渐走向多元化，到精准扶贫、脱贫攻坚阶段，我国逐步打破单一依靠政府及财政的行政式扶贫，走向专项扶贫、行业扶贫及社会扶贫三位一体的大扶贫格局。自 2014 年 1 月中共中央办公厅、国

务院办公厅印发《关于创新机制扎实推进农村扶贫开发工作的意见》开始,行业扶贫在集中力量解决突出问题,加快贫困群众脱贫致富的减贫行动中的重要作用进一步得到凸显。2015年10月,全国工商联联合国务院扶贫开发领导小组办公室、中国光彩事业促进会印发《"万企帮万村"精准扶贫行动方案》,"万企帮万村"行动强化了市场主体在扶贫开发中所承担的行业扶贫责任,同时推动作为市场主体的各行业部门,积极配合履行行业管理责任,协力推动贫困地区及贫困人群的产业发展,改善了贫困地区行业发展环境。2015年11月29日,在《中共中央、国务院关于打赢脱贫攻坚战的决定》中,强调强化政府责任,引领市场、社会协同发力,鼓励先富帮后富,构建专项扶贫、行业扶贫、社会扶贫互为补充的大扶贫格局,凸显了各行各业在产业脱贫、金融扶贫、教育扶贫、生态保护脱贫、医疗保险及救助脱贫等各方面的重要作用。

2018年6月15日,《中共中央、国务院关于打赢脱贫攻坚战三年行动的指导意见》中进一步强调行业扶贫的作用:推进农业扶贫,鼓励贫困地区优势特色农业提质增效;推动"互联网+"及电商扶贫,促进贫困地区电商物流行业发展,在市场主体与贫困地区之间建立稳定的产销关系;推动就业扶贫及金融扶贫,发挥金融业、银行业作用,通过以工代赈、以奖代补、劳务补助等激励形式培育贫困人群就业技能、脱贫致富意愿及能力;推进教育扶贫、文化扶贫,发挥文化教育行业阻断贫困代际传递的重要作用;等等。

集中力量打赢脱贫攻坚战是一个不断补齐短板的过程,事关全局,更需要各行各业投入扶贫行动,共同努力。近年来,金融业与工商业、科技及教育行业、医疗卫生行业、水利、交通及农林业等各行各业积极发挥各自行业优势,扎实解决突出问题,行业扶贫逐步成为"三位一体"大扶贫格局中一支举足轻重的力量,有力推动了贫困地区贫困群众加速脱贫致富奔小康。

（三）社会扶贫：多元主体，政社协同

社会扶贫指的是在政府主导下，社会力量对扶贫开发工作的广泛参与。社会扶贫强调用好社会领域各方面的力量及资源，与政府及市场的扶贫力量形成合力。国家及各级政府，通过动员、鼓励、政策引导等方式，调动包括社会组织、社会服务机构、公益慈善机构、社会团体及个人参与扶贫事业的积极性和主动性，推动贫困地区经济社会协调发展。社会扶贫主要包括：定点扶贫、推进东西部扶贫协作、发挥军队和武警部门的作用、动员企业和社会各界参与扶贫等。

社会领域在贫困治理理念与形式的创新上更具活力，更能回应当前多元贫困的现实，是以政府为主导的贫困治理体系的重要组成部分。社会扶贫能吸纳社会资源、拓展贫困治理的资源总量；社会扶贫在响应贫困人口多元化、差异化需求方面也更具灵活性，因此成为政府行政式扶贫和市场扶贫的有益补充。2014 年，中共中央办公厅、国务院办公厅印发《关于创新机制扎实推进农村扶贫开发工作的意见》，强调创新社会扶贫机制，充分发挥定点扶贫、东西部扶贫协作在社会扶贫中的引领作用。鼓励各民主党派中央、全国工商联和无党派人士参与扶贫开发，积极引导各类企业及社会组织、个人以多种形式参与扶贫开发。同时倡导建立社会扶贫信息交流平台，落实企业扶贫政策，支持军队及武警部队参与贫困地区扶贫开发，等等。2014 年，国务院办公厅印发《关于进一步动员社会各方面力量参与扶贫开发的意见》，强调要培育多元化社会扶贫主体，大力倡导民营企业扶贫、积极引导社会组织扶贫、广泛动员个人扶贫、深化定点扶贫、强化东西部扶贫协作等等。打响脱贫攻坚战以来，社会扶贫得到进一步重视和发展。2015 年 11 月 29 日，《中共中央、国务院关于打

赢脱贫攻坚战的决定》指出,加大东西部扶贫协作力度,深入推进定点帮扶"百县万村"活动,鼓励工商联开展"万企帮万村"活动,引导政府购买服务推动社会组织开展到村到户精准扶贫,等等。2018年6月15日,《中共中央、国务院关于打赢脱贫攻坚战三年行动的指导意见》中对社会力量参与脱贫攻坚进行了进一步引导和规划,主张在东西部扶贫协作上,重点围绕人才支持、市场对接、劳务协作及资金支持;在定点扶贫上,将定点扶贫县脱贫纳入单位工作重点,落实工作责任,加强工作力量,出台具体帮扶措施;在军队帮扶上,强调军地脱贫攻坚协作,驻地部队以结对助学、对口支援医院、红色资源开发等多种形式参与扶贫行动;在企业扶贫上,深入推进"万企帮万村",从发展产业、对接市场、安置就业等方面帮助贫困户脱贫;在社会组织扶贫上,通过社会帮扶项目与贫困地区建立需求对接机制,为贫困人口提供生计发展、心理支持、增权赋能等专业扶贫;等等。

专栏6-4　关于进一步动员社会各方面力量参与扶贫开发的意见(节选)

大力倡导民营企业扶贫。鼓励民营企业积极承担社会责任,充分激发市场活力,发挥资金、技术、市场、管理等优势,通过资源开发、产业培育、市场开拓、村企共建等多种形式到贫困地区投资兴业、培训技能、吸纳就业、捐资助贫,参与扶贫开发,发挥辐射和带动作用。

积极引导社会组织扶贫。支持社会团体、基金会、民办非企业单位等各类组织积极从事扶贫开发事业。地方各级政府和有关部门要对社会组织开展扶贫活动提供信息服务、业务指导,鼓励其参与社会扶贫资源动员、配置和使用等环节,建设充满活力的社会组织参与扶贫机制。加强国际减贫交流合作。

广泛动员个人扶贫。积极倡导“我为人人、人人为我”的全民公益理念，开展丰富多样的体验走访等社会实践活动，畅通社会各阶层交流交融、互帮互助的渠道。引导广大社会成员和港澳同胞、台湾同胞、华侨及海外人士，通过爱心捐赠、志愿服务、结对帮扶等多种形式参与扶贫。

深化定点扶贫工作。承担定点扶贫任务的单位要发挥各自优势，多渠道筹措帮扶资源，创新帮扶形式，帮助协调解决定点扶贫地区经济社会发展中的突出问题，做到帮扶重心下移，措施到位有效，直接帮扶到县到村。定期选派优秀中青年干部挂职扶贫、驻村帮扶。定点扶贫单位负责同志要高度重视本单位定点扶贫工作，深入开展调研，加强对定点扶贫工作的组织领导。

强化东西部扶贫协作。协作双方要强化协调联系机制，继续坚持开展市县结对、部门对口帮扶。注重发挥市场机制作用，按照优势互补、互利共赢、长期合作、共同发展的原则，通过政府引导、企业协作、社会帮扶、人才交流、职业培训等多种形式深化全方位扶贫协作，推动产业转型升级，促进贫困地区加快发展，带动贫困群众脱贫致富。协作双方建立定期联系机制，加大协作支持力度。加强东西部地区党政干部、专业技术人才双向挂职交流，引导人才向西部艰苦边远地区流动。各省（区、市）要根据实际情况，在本地区组织开展区域性结对帮扶工作。

定点扶贫。定点扶贫是中国特色贫困治理体系的重要组成部分，也是中国特色社会主义政治优势和制度优势的体现。自 20 世纪

80年代开始实施大规模开发式扶贫以来，党政军机关、企事业单位开展定点扶贫和对口帮扶就逐步成为中国国家贫困治理体系的重要内容。定点扶贫在促进社会广泛参与、凝聚扶贫资源和力量、形成扶贫合力的过程中发挥着重要作用。十八大以来，扶贫开发进入脱贫攻坚阶段，以“老、少、边、穷”为主要特征的“三区三州”深度贫困地区成为实现脱贫攻坚、建设全面小康社会的艰巨堡垒。深化定点扶贫，为创新社会扶贫方式方法，广泛动员全党全社会有效参与脱贫攻坚、决胜全面小康提供了有效支撑。同时，定点扶贫进一步打通了单位部门与基层之间的联系，建立“条”“块”之间的联结。在定点扶贫的探索中，党与人民群众联系进一步密切、干群关系进一步改善。定点扶贫不仅成为社会扶贫的重要内容，也成为中国共产党践行执政为民理念，强化国家与基层联系，推动国家治理现代化，提升国家治理能力的重要途径。

案例6-6　定点扶贫成为富民“直通车”[①]

2012年，河南省开展定点扶贫工作以来，各单位专门派出扶贫工作组吃住在村里，访民情、解民意，工作取得了显著成效。据不完全统计，2013年193家省直党政机关及相关单位，派遣蹲点干部257人，直接投入贫困地区资金(包括物资折款)超2亿元，帮助引进各类资金6.5亿多元；参加定点扶贫的市级党政机关及相关单位1884个，派遣蹲点干部6685人，直接投入贫困地区资金(包括物资折款)超3.4亿元，帮助引进各类资金近5.67亿元。仅省市两级驻村帮扶单位直接投入资金和引进资金数量就超过了当年专

① 卢松:《定点扶贫成为富民“直通车”》,《河南日报》2014年3月24日。

项财政扶贫资金数量。

省扶贫办为各单位驻村队员搭建横向沟通的平台，相互交流经验，进行资源整合，凝聚更大力量帮扶贫困地区群众。省地税局扶贫工作队经过深入考察，帮助社旗县郝寨镇年庄村兴办绢花厂，扶持50户农民搞增收项目；省委宣传部组织舞阳农民画全省巡回展览，大大提高了“舞阳农民画”在省内外的知名度；省编办和河南日报报业集团驻村人员为新县贫困村引进小龙虾养殖项目，带动当地养殖规模达100亩……

东西部扶贫协作。东西部扶贫协作是社会扶贫的重要组成部分。自1996年开始，中国政府作出部署，安排东部15个经济发达省、市与西部11个省（区、市）开展东西部扶贫协作工作。经过20多年的实践探索，东西部扶贫协作在促进东西部优势互补、产业合作、劳务协作、人才及资源支援等方面发挥了重要作用，成为推动区域协调发展、促进先富带后富的重要帮扶机制。随着精准扶贫、脱贫攻坚的不断深入，东西部扶贫协作以实现共同富裕为目标，不断健全东西部扶贫协作及对口支援的工作机制：立足受援地资源禀赋及产业基础推进产业协作，立足劳动力情况推进劳务协作，广泛开展人才技术及发展理念交流，加大资金支持并鼓励东部企业、社会组织及个人参与对口支援、东西部协作。东西部扶贫协作以互利共赢、共同发展为基本理念，推动了中西部贫困地区因地制宜的特色产业发展、内生动力培育及人才资源协作，有效推进了“输血式”扶贫向“造血式”扶贫转变。

案例6-7　广州·毕节东西部扶贫协作[①]

在广州·毕节东西部扶贫协作中,两地坚持就业优先的帮扶理念,创新帮扶机制,积极搭建劳务协作平台,加强精准对接,搞好服务保障,帮助贫困家庭劳动力实现长期稳定就业。

开展校企合作搭建就业桥梁。广汽集团、广州港集团、广建集团、广州无线电集团和雪松集团等广州优质企业在毕节相关职业院校合作开办20个“2+1”培养专班,引入职业教育精准招生、精准资助、精准培养、精准就业的扶贫模式,为毕节市贫困家庭子女提供了从入学、资助到就业的“一条龙”帮扶,合计招收798名学生就读,其中建档立卡贫困学生409名,实现订单入学、定向就业……

建设扶贫车间实现就近就业。投入1300万元专项资金支持扶贫车间建设,鼓励和推动企业通过“订单+车间+贫困户”模式,到金海湖新区、黔西县等贫困乡村共建设24个“扶贫车间”,吸纳建档立卡贫困户504人就业,并提供多个岗位给贫困残疾人,实现送订单到村、送就业到户、送技能到人,群众满意度、安全感、幸福感不断增强。

搭建就业平台促进精准帮扶。搭建远程见工系统,开展远程见工活动。在广州市及对口帮扶的区建立24个“劳务协作工作站”,为两地外出务工人员提供就业推荐、岗前培训和法律援助等服务。广州人力资源市场服务中心与两地“就业云”平台实现信息互联互通,定时推送就业信息,已实现交换500多家企业、9500多个就业岗位信息…

① 龙华:《广州·毕节东西部扶贫协作——创新就业扶贫　拓展扶贫协作新领域》,《毕节日报》2019年11月7日。

加强技能培训提高就业质量。通过开展就业技能培训,提高贫困劳动力就业质量,实现贫困家庭精准脱贫。开展“粤菜师傅”“南粤家政”等重点技能培训工程,引入工学一体化、“互联网+职业培训”、职业培训包、多媒体资源等培训新方式,累计培训毕节贫困劳动力1.3万人次,为广东服务业、劳动密集型企业等提供了大量熟练工人和技能人才。

企业扶贫。作为市场主体的民营企业,也是社会扶贫的重要力量之一。改革开放以来,伴随社会主义市场经济的发展而崛起的民营企业,成为国民经济中最具活力的部分。自20世纪七八十年代实施大规模开发式扶贫以来,国家和政府鼓励民营企业以各种形式参与扶贫开发,在政府引导下充分发挥市场机制的减贫效应。经过长期探索,民营企业扶贫逐渐成为中国特色减贫实践的重要经验。民营企业通过直接捐助、资源开发、产业培育、合作援建、市场拓展、劳动力吸纳和培训等多种形式参与扶贫工作,发挥市场机制的作用并凝聚社会力量以有效带动贫困地区实现造血扶贫、内生脱贫。民营企业积极履行社会责任,广泛参与扶贫,进一步推动了国家、市场、社会“三驾马车”共同推进扶贫开发工作的格局。精准扶贫以来,以“万企帮万村”行动为代表,民营企业以各种方式参与深度贫困地区扶贫开发,有力推动了扶贫工作方式和工作理念的创新,贡献出一大批“电商扶贫”“互联网+”扶贫的典型代表,探索出多种形式的村企合作模式,逐步在贫困地区、贫困群众与村集体、市场之间建立起长效的利益联结机制、合作共赢机制。

社会组织扶贫。社会组织是构建“三位一体”大扶贫格局的重要组成部分,也是广泛动员全社会力量参与脱贫攻坚的重要载体。相比于政府机制与市场机制,社会组织通过专业化、精细化的社会服务,能进一步整合社会资源、拓展扶贫资源总量,从而更好地回应差异化、多元化的发展需求,弥补政府扶贫及市场扶贫之不足。改革开放以来,国家对社会的进一步"松绑",也使得民间组织、社会公益慈善机构进一步发展和成熟。从20世纪90年代开始,在国家的鼓励动员下,国内外各类公益慈善机构、非营利组织便广泛参与扶贫事业,成为社会扶贫的主要力量之一。"希望工程""春蕾计划""小额信贷扶贫"等项目均是该时期社会组织扶贫的典型。新千年以来,社会组织扶贫不断深化发展。从国家启动第一个农村扶贫开发纲要,到《关于创新机制扎实推进农村扶贫开发工作的意见》,再到《中共中央、国务院关于打赢脱贫攻坚战的决定》,从大规模开发式扶贫到精准扶贫与脱贫攻坚,随着扶贫阶段的不断深入,社会组织参与贫困治理的深度和广度也在不断拓展。总体而言,社会组织参与扶贫的途径包括物资捐助、技术援助、社区发展、特殊群体关怀帮扶等多种方式。社会组织扶贫既能促进社会力量参与脱贫攻坚,也为贫困治理不断注入新的理念及方法。社会组织在扶贫过程中更加注重本土知识和本土特性,注重参与式发展理念、社区建设、内生动力培育、赋权及能力建设,更好地将外部支持与社区、贫困人口内生性需求有效衔接起来。经过长期的社会组织扶贫探索,社会组织扶贫不断深化政社合作机制、推动形成社会扶贫的良好社会公益生态,同时也推动了国内外减贫经验、贫困治理技术的交汇融合,更为贫困地区、贫困人口内生发展作出了重要贡献。

案例 6-8 小云助贫中心：扎根云南省河边村开展深度贫困综合治理实验①

位于西双版纳热带雨林深处的河边村是一个瑶族贫困村寨，截至 2016 年底，全村 59 户 215 人中有建档立卡贫困户 12 户 46 人。河边村群众的收入来源以种植粮食、橡胶、甘蔗、砂仁等作物为主，虽然当地土地资源丰富，但过去交通基础设施落后，阻碍了村寨的发展。

为改善河边村贫困现状，云南省西双版纳傣族自治州勐腊县勐伴镇整合精准扶贫项目建设、整乡推进、产业扶持等项目资金，强化基础设施建设，并与中国农业大学李小云教授合作，借力于 2015 年创办的“勐腊小云助贫中心”，全力破解制约河边村发展的基础问题，开展“深度性贫困综合治理”探索。2015 年以来，政府在住房、道路、饮水、种养殖产业等项目上累计投入 2100 余万元，极大改善了河边村村民的生产生活条件，进一步夯实了群众增收产业基础。与此同时，勐伴镇借助“小云助贫”人才和社会资源优势，充分发挥各类社会组织潜力，汇集各方资源和多方力量参与脱贫攻坚，加快贫困群众脱贫致富步伐。

“河边村长期处于深度贫困状态，因此需要采取综合治理模式。”多年来从事扶贫政策和扶贫实践研究的李小云说，河边村深度性贫困综合治理探索的主要目标是：收入的超常规增长和持续性增长、生活和环境的根本性改善、完全实现两不愁三保障。为此，“勐腊小云助贫中心”设计了主导型产业、辅助型产业、基础型产业为一体的产业发展思

① 姚兵：《一个云南贫困山村的“综合治理”扶贫初探》，资料来源：2017 年 6 月 30 日新华网云南频道。

路,在河边村展开了通过“输血”为“造血”创造条件的综合治理实践。“政府的大力支持和基础设施建设投入是根本保障;社会公益组织,比如学校,带来的是智力型方案和辅助性资源;村民作为扶贫主体,需要全程参与。”李小云说,河边村走出了一条以“政府为主导、公益组织参与、村民为主体”的深度性贫困综合治理之路。“虽然贫困程度深,但河边村有着得天独厚的自然景观,具备发展高端会议经济的潜力。”李小云说,河边村将以高端休闲及小型论坛会议会址村建设作为主导型产业,在民房建设过程中动员村民修建嵌入式“瑶族妈妈客房”,既能保留民族特色,又能接待宾客,增加村民收入。

此外,依托热带雨林气候,河边村开发出通过微电商销售的“河边天然出品”的品牌农产品作为辅助型产业。目前,“天然雨林鸡蛋”在上海、北京等地卖到10元一个,很受欢迎。人居环境得以改善、基础设施有所提升、复合型产业成效初显……短短两年多时间,河边村焕发出新的生机。

社会扶贫引导社会各方面力量以多种形式参与扶贫开发工作,并以其独特的方式弥补了政府与市场的不足。社会扶贫对贫困地区及贫困人群主体性的强调,对差异性、多元性需求的回应,以及去行政化帮扶手段的针对性、专业性、精细性,与普遍意义上的国家扶贫政策互为补充,从而有效回应贫困问题。精准扶贫、脱贫攻坚以来,社会扶贫充分调动了各类企事业单位、社会组织、社会工作机构及社会服务机构、广大人民群众参与贫困治理的积极性,主动参与社会扶贫工作,为创新贫困治理理念与方法、调动社会资源、凝聚扶贫合力作出了重要贡献。

本章小结

2013年,习近平总书记提出精准扶贫战略思想,坚持精准扶贫,就是要做到“六个精准”、实施“五个一批”、解决“四个问题”(扶持谁、谁来扶、怎么扶、如何退)。精准扶贫战略思想从概念提出到政策制定,再到政策细化与政策落地,是一个逐渐完善和拓展深化的过程,为新时期脱贫攻坚指明了方向。党的十八大以来,在习近平总书记扶贫工作重要论述的指引下,中国新时期的扶贫开发政策体系呈现出新的时代特点:一是确立了“到2020年我国现行标准下农村贫困人口实现脱贫,贫困县全部摘帽,解决区域性整体贫困”的扶贫目标;二是确定了精准扶贫精准脱贫方略,即通过“六个精准”,实施“五个一批”措施,解决好“四个问题”;三是坚持广泛动员社会力量,构建政府—企业—社会“三位一体”的大扶贫格局;四是坚持创新扶贫开发机制,向贫困村派驻第一书记和扶贫工作队;五是扶贫扶智扶志有机结合,全面激发贫困人口的内生动力。经过不懈努力,中国的减贫事业取得了巨大成就。脱贫攻坚制度体系全面建立,精准扶贫工作机制不断完善,“扶持谁”“谁来扶”“怎么扶”“如何退”问题基本解决,脱贫攻坚取得了决定性成就。农村贫困人口大幅减少,贫困发生率不断下降,贫困人口总体实现“两不愁三保障”的目标,打赢脱贫攻坚战,实现全面小康社会的日子越来越近。

后　记

新中国成立以来，中国政府始终将减缓贫困作为国家发展的重要目标和任务，通过经济社会发展来消减贫困，农村贫困人口大幅减少；改革开放以来，中国农村年均减贫逾千万人；党的十八大以来，党中央从全面建成小康社会全局出发，把扶贫开发工作摆在治国理政的突出位置，采取了许多具有原创性、独特性的重大举措，组织实施了人类历史上规模最大、力度最强的脱贫攻坚战。到2020年底，如期完成了新时代脱贫攻坚的目标任务，现行标准下农村贫困人口实现脱贫，贫困县全部摘帽，消除了绝对贫困和区域性整体贫困。经过70多年的探索实践，中国走出了一条独具特色的减贫道路。中国成为全球最早实现联合国千年发展目标中减贫目标的发展中国家，加速了世界减贫进程，为全球减贫事业作出了巨大贡献，为国际社会提供了中国方案。在此背景下，回顾新中国成立以来扶贫的历程，精选新中国扶贫进程中的重要政策、重大举措和重要事件，勾勒新中国扶贫发展的轨迹，整理新中国扶贫减贫的历史印记，总结新中国扶贫的经验，具有重要的理论意义和实践价值。

本书由武汉出版社总编辑邹德清、副总编辑杨建文筹划，向德平拟定写作思路和框架，反贫困研究团队集体撰写。其中，第一章“新中国成立后减贫的探索阶段(1949—1977年)”由刘永泽撰写，第二章“体制改革推动减贫阶段(1978—1985年)”由王欢撰写，第三章“大规模开发式扶贫阶段(1986—1993年)”由何瑾撰写，第四章“‘八七’扶贫攻坚阶段(1994—2000年)”由向雪琪撰写，第五章“综合扶贫阶段(2001—2012年)”由王维撰写，第六章“精准扶贫阶段(2013—2020年)”由向凯、杨铭撰写。

感谢武汉出版社总编辑邹德清、副总编辑杨建文，责任编辑管一凡、朱梦珍，没有他们的筹划、推进和督促，本书难以顺利完成。感谢他们为本书奉献的热情、智慧和心血！

谨以此书献给奋战在扶贫一线的所有人，他们是共和国的功臣！

向德平

2020年12月16日